La campagne autrefois

ISBN : 2-84230-185-4
Dépôt légal : octobre 2003
Imprimé en Espagne

Ouvrage réalisé par la société Copyright pour les éditions Hoëbeke
Coordination éditoriale : Caroline Gibert
Recherche iconographique : Aude Alric
Création graphique : Alexandre Nicolas
Mise en page : Nicole Leymarie

Murielle Rudel

La campagne autrefois

hoëbeke

SOMMAIRE

Souvenirs de la France paysanne

La campagne française, avec ses paysages et ses fermes, est fortement ancrée dans notre imaginaire. L'activité économique qu'elle implique a grandement évolué au cours du dernier siècle, et, malgré tout, la représentation que nous nous en faisons, à travers nos souvenirs et nos lectures, nous ramène toujours à celle de la petite ferme des années 1900.
La campagne séduit avant tout par la richesse et la variété de ses paysages : voici notamment le bocage normand, avec ses chemins creux et ses haies d'aubépine, voici les grandes plaines céréalières de la Beauce et de la Brie, les pâturages vallonnés de la Bourgogne ; voilà les terres rudes de l'Auvergne, les Grands Causses cévenols et les alpages de Savoie, puis les vignobles du Bordelais et les cultures en terrasse du Midi de la France. Blottis au creux des vallons, dispersés en hameaux ou retranchés au sommet des collines, les villages, toujours en harmonie avec l'environnement, donnent vie et gaieté à ces cadres naturels. Les maisons qui les composent allient esthétique et fonctionnalité, comme le disait si poétiquement Jean Brunhes dans sa *Géographie humaine de la France* :

« Il y a des maisons blanches, des maisons roses, des maisons rouges, des maisons brunes, des maisons noires. Car il y a des maisons de calcaire blanc (Touraine ; Barrois) et des maisons de grès rose (Vosges ; Pyrénées ; Saint-Jean-Pied-de-Port) et des maisons de brique (Toulouse ; Albi ; Roubaix ; Sologne), et des maisons de troncs brunis (vallée des Vosges ; Alpes ; Jura) et des maisons de basalte (Clermont-Ferrand ; Saint-Flour ; Salers). Il y a surtout des maisons de toutes ces nuances de la pierre qui vont du jaune au gris.

Il y a des toits de chaume, des toits de plaquettes de bois, des toits d'ardoise et des toits de tuiles : il y a des tuiles de pierre et des tuiles d'argile ; il y a de l'argile presque blanche et de l'argile toute rouge ; il y a l'antique tuile dont le rouge profond s'enrichit en vieillissant de tons violets et noirs, et il y a la tuile de Montchanin qui se refuse même à devenir moussue. Il y a des toits aigus et des toits plats, des toits à longue pente et des toits courts, des toits symétriques et des toits à pentes inégales, plus pittoresques, aux formes plus enveloppantes, aux lignes plus artistiques.

Il y a des maisons qui ne sont que des grottes et d'autres qui ne sont que des huttes. Il y a des maisons qui ne sont presque qu'un fenil et d'autres qui ne sont qu'une écurie et qu'une étable, et d'autres qui ne sont qu'une cave surélevée faite pour s'emplir de tonneaux.

Page précédente : la moisson était un des moments forts de l'année. Les agriculteurs du village se réunissaient pour s'entraider et faire profiter leurs voisins de leurs équipements, voisins qui leur prêtaient leurs outils en retour. Les achats étaient répartis : si l'un se procurait une moissonneuse, l'autre achetait un semoir ou une lieuse, etc.

Il y a des maisons composées de plusieurs bâtiments spécialisés, tantôt disposés autour d'une cour fermée, sorte de châteaux forts ruraux (Flandre), tantôt donnant sur une cour ouverte avec un bâtiment pour chaque fonction de la ferme (grands domaines du Limousin). À ce type de forme carrée s'oppose le plan en file droite, tous les bâtiments étant accolés les uns aux autres. Ailleurs, la maison concentre en elle, sous un seul grand toit, tous les organes de l'exploitation (chalet montagnard, qui est celui des Vosges ou du Pays basque ou des Alpes). »

Ci-dessus : plus pratique, plus hygiénique, l'abreuvoir évolue lui aussi, comme le montre cette publicité.

Ci-dessous : un troupeau sous haute surveillance ! Avant l'apparition des clôtures, le berger avait la responsabilité du cheptel. Aidé des précieux chiens, et de qui voulait bien l'accompagner, il surveillait les allées et venues des bêtes et les protégeait d'éventuels prédateurs et voleurs.

Ci-dessus : cette grosse ferme beauceronne, tout en longueur, voit son troupeau de vaches partir au pré.

Ci-dessous : cette paysanne auvergnate transporte dans ses paniers d'osier la production de sa ferme. Il était courant que les femmes aillent chaque semaine au marché pour vendre la production de leur activité – des œufs, des volailles, des porcelets, des lapins, des fruits, des légumes, etc.

Derrière ces murs aux mille couleurs, dans ces maisons si chaleureuses, à l'époque où l'on vivait du travail de la terre, la vie s'organisait suivant le rythme des saisons. C'était une vie de peine et de labeur où, pour manger son pain, il fallait avoir moissonné son champ de blé et pétri la pâte de ses mains ; où, pour le beurrer, il fallait traire les vaches le matin et baratter soi-même le lait ; et où, pour manger de la viande, il fallait avoir élevé et tué l'animal. Ces besognes étaient d'autant plus harassantes que l'on travaillait à la force des bras. Point de moissonneuse, point de faucheuse mécanique ni de batteuse au début du siècle dernier : dans les petites exploitations, les plus nombreuses, la récolte du blé se faisait à la faux, de l'aube jusqu'au couchant sous le soleil brûlant de juillet. Et, la moisson terminée, il restait encore, avant de pouvoir engranger le grain, à battre le blé au fléau, outil lourd et d'un maniement extrêmement fatigant. Ces efforts étaient supportables parce que l'on travaillait tous ensemble, famille et voisins réunis.

C'était une puissante vie de groupe, qui se prolongeait en dehors des heures de labeur. On se retrouvait entre familles le soir des veillées d'hiver. Les aïeuls contaient des légendes, les jeunes chantaient les chansons du pays. On se mariait entre gens du même village, et pendant les fêtes locales ou agraires sonnant la fin des moissons ou des vendanges, c'était encore entre voisins que l'on ripaillait.

La mécanisation, qui trouva son apogée avec l'« avènement » du tracteur, bouleversa le monde paysan après la Seconde Guerre mondiale ; les exploitations agricoles s'agrandirent, la main-d'œuvre se réduisit peu à peu, provoquant le départ des paysans pour la ville. Les villages jadis si vivants et si gais, avec leurs commerçants, leurs artisans et leurs marchés, se dépeuplèrent. Les fermes qui avaient vu des générations se succéder dans leurs murs se vidèrent et perdirent leur âme. Heureusement, la vision idéalisée qu'avaient les citadins de la campagne provoqua en eux le désir de retrouver leurs racines : depuis quelques décennies, ces bâtisses, restaurées et reconverties en résidences secondaires, se voient insuffler une nouvelle vie. Aujourd'hui, la mobilité qu'apportent les moyens modernes de communication permet à beaucoup de se réinstaller dans les villages pour y vivre et y travailler. Ce renouveau se traduit par un engouement pour les fêtes folkloriques, les marchés traditionnels et les produits du terroir, et par le succès des musées des Arts et des Traditions populaires.

Chaumière normande, dans la Manche.
Page précédente : cour de ferme avec murs de pierre et toits de chaume pour l'habitation comme pour l'étable.

L'architecture

Les vieilles fermes françaises séduisent par leur diversité : dans les matériaux de construction et les couleurs, dans le volume et l'agencement des bâtiments, dans l'aspect des toitures. Ainsi voit-on dans le Nord le règne des maisons en longueur, aux toits aigus et aux murs de brique, alors que dans le Midi dominent les fermes en hauteur, aux toitures plates à tuiles canal et aux maçonneries de pierre. Entre ces deux extrêmes, il existe quantité de styles locaux plus ou moins affirmés selon les régions : en Bretagne la maison est basse et en granit gris ; dans les Landes, la ferme à colombages s'impose par son immense couverture à trois pans ; en Auvergne, la maison de basalte porte un toit pointu parsemé de lucarnes qui ne se retrouve nulle part ailleurs...

Cette infinie variété de styles tient aux différents milieux naturels auxquels il a fallu adapter les constructions. Du sol de la région, notamment, dépendait les matériaux qui allaient servir pour élever les murs et les toitures. La maison était donc en brique sur les terres argileuses. Dans les pays forestiers, le bois composait la totalité de la charpente ou bien était employé comme armature principale, sous forme de colombages. Ailleurs, on utilisait les pierres locales et selon qu'il s'agissait de calcaire, de grès ou de basalte, que la pierre était taillable ou non, la maison prenait une teinte particulière et un aspect plus ou moins raffiné. Quant à la toiture, elle était faite de lauzes, de tuiles ou d'ardoises et sauf exception, son inclinaison était fonction de la distribution des pluies : sous les climats pluvieux, on préférait les pentes raides pour assurer l'écoulement de l'eau, tandis que sous les climats plus secs, une pente faible suffisait.

Si le terroir influait sur la physionomie de la maison, le type de culture et d'élevage pratiqué ainsi que la taille de l'exploitation déterminaient en grande partie l'agencement de la ferme et la nature de ses différents organes. Parmi ces locaux, où l'on abritait le bétail, la moisson et les outils agricoles, certains se rencontraient dans toutes les exploitations, ainsi la grange et l'étable.

Dans la première, on entreposait les céréales et l'on rangeait les charrettes. Souvent spacieuse, la grange pouvait être attenante à la maison ou indépendante ; dans les régions au climat doux, c'était souvent un hangar ouvert dont le toit reposait sur des piliers de briques ou de pierres. Lorsqu'en revanche elle était intégrée à l'habitation, elle occupait tout l'espace sous la toiture. Une rampe avait été alors ménagée qui permettait de monter les charrettes.

Quant à l'étable, sa place dépendait de la taille du troupeau. Dans le cas des petites fermes, elle était contiguë au logis ; dans le cas des grandes exploitations tournées vers l'élevage, elle formait une construction à part, qui s'étendait sur deux niveaux. L'étage inférieur était celui du bétail : le long des murs se trouvaient les mangeoires, et, au centre, une rigole servait à l'évacuation du purin. Le grenier, à l'étage supérieur, abritait le fourrage. Les bergeries se rencontraient fréquemment en montagne et dans les régions spécialisées dans la fabrication du fromage. Elles se présentaient comme des bâtiments longs et trapus, comportant à l'intérieur deux loges séparées, l'une réservée aux béliers et l'autre, aux brebis.

Lorsque le terrain le permettait, les fermiers avaient également fait creuser un puits, qu'ils plaçaient en général près de la cuisine, par commodité. Le plus commun était le puits cylindrique à margelle de pierre, mais dans les régions où les nappes phréatiques étaient peu profondes, il était courant d'utiliser des puits à balancier : pour remonter l'eau, on y plongeait le seau en faisant basculer la poutre à laquelle il était accroché.

Ci-dessus : certains pigeonniers sont de véritables chefs-d'œuvre d'architecture, ce colombier d'Île-de-France étant un très bon exemple. Au-delà de leur fonction utilitaire, ils étaient l'occasion, pour leurs propriétaires, d'affirmer leur rang social.

Ci-contre : contrairement aux bergeries classiques, généralement basses et trapues, cette bergerie landaise frappe par l'importance de son toit.

Indispensables à la cuisson du pain, les fours étaient aussi relativement répandus. Leur forme en dôme tenait à la voûte de pierre bâtie au-dessus du fourneau. Certaines fermes étaient dotées de fournils, petites constructions rectangulaires qui comprenaient en plus du four à pain un espace où pétrir la pâte et qui pouvaient également servir d'étuves à prunes et à châtaignes.

L'élevage des pigeons, très prisés pour leurs œufs et leur excellent engrais, donna lieu à des édifices d'une grande diversité architecturale et souvent d'une rare élégance. Tantôt le colombier était incorporé au bâtiment principal ou à une dépendance, tantôt c'était une construction à part. De forme circulaire, carrée ou hexagonale, il pouvait être entièrement maçonné ou bien édifié sur des piliers, des arcades ou des colonnes. Son toit était pentu, conique ou à quatre pentes, excepté dans le Midi où il était d'usage d'ériger des toits à pied de mulet, constitués d'une seule pente à gradins.

Certaines cultures demandaient des aménagements spéciaux : la fabrication du cidre nécessitait la présence d'un pressoir, tandis que celle du vin exigeait celle d'un cuvier où conserver les fûts. Ce dernier occupait parfois le rez-de-chaussée de la maison ou bien c'était une cave souterraine voûtée, ou bien encore, dans les grandes régions viticoles, un vaste édifice aux ouvertures en arc de cercle.

L'ordonnance de ces locaux n'était pas partout la même. Le type d'habitat le plus répandu, le plus élémentaire aussi, était celui de la maison-bloc, qui concentrait sous le même toit la famille, le bétail et les récoltes. C'était la maison du petit cultivateur. Traditionnellement, hommes et bêtes logeaient dans la pièce du bas et n'étaient séparés que par un mur à mi-hauteur. Les provisions et le fourrage étaient conservés sous les combles, dans un grenier. Le développement de la ferme pouvait aussi se faire en longueur (le logis était alors séparé de l'étable par la grange et une aire de battage) ou en profondeur (l'étable était repoussée à l'arrière de la maison). Dans le sud-est de la France et dans les régions à relief accidenté qui ne permettaient pas l'alignement des éléments, on privilégiait les constructions en hauteur : la famille vivait au-dessus des bêtes et gardait ses denrées au grenier. Un escalier extérieur, tantôt découvert, tantôt protégé par un avant-toit ou un auvent, menait à la pièce familiale. Ce type d'habitat convenait aussi parfaitement au stockage du vin, que l'on conservait au rez-de-chaussée à l'abri de la chaleur : cela explique le grand nombre de fermes en hauteur que l'on voit en Bourgogne, en Provence et dans le Languedoc.

Quant à la ferme-cour, elle se composait, comme son nom l'indique, d'une habitation et de dépendances groupées autour d'une cour centrale. Apanage des grands cultivateurs, elle se rencontre dans le Bassin parisien, en Artois et en Picardie.

Dans les régions où les risques d'incendie étaient grands, on préférait toutefois éloigner les bâtiments les uns des autres, bâtiments qui se trouvaient alors dispersés au petit bonheur la chance sur le terrain. C'est la ferme « éclatée », que l'on trouve notamment dans les Landes, mais également en Normandie.

Ferme-cour typique, entièrement close, où tous les bâtiments de l'exploitation — corps de ferme, abreuvoir, etc. — se regroupent autour d'une cour centrale.

La ferme de la Lambourderie, en Eure-et-Loir, est une version élaborée de la maison-bloc, où l'habitation (à gauche) côtoie l'étable et la grange (à droite).

LA FERME NORMANDE

Il existe en Normandie deux types de fermes, qui correspondent à des régions aux conditions naturelles différentes.
La Haute-Normandie, où les forêts abondent, voit ainsi le règne des colombages. Souvent variés dans leurs combinaisons, ils contribuent à la solidité du bâtiment et produisent un bel effet ornemental. Traditionnellement, la maison ne comporte qu'un rez-de-chaussée ; son toit à forte pente, autrefois en chaume, est aujourd'hui recouvert d'ardoises ou de tuiles plates. Par crainte des incendies, on préférait éloigner les dépendances et bâtiments annexes : l'étable, la grange, le pressoir à cidre, etc., construits suivant le même principe que l'habitation, étaient alors disséminés sur le terrain le long de la clôture.
La Basse-Normandie, pays de la pierre, offre un tout autre type d'architecture : les colombages ont quasiment disparu, excepté dans le pays d'Auge, pour céder la place à la pierre calcaire, au schiste, au granite ou au grès. L'agencement de la ferme diffère également : les bâtiments sont regroupés autour d'une cour centrale, dont ils forment soit la totalité, soit une partie de l'enceinte : dans ce dernier cas, un mur ou une haie ferme les intervalles.

FERME DANS L'EURE
Les colombages de cette solide ferme signalent la Haute-Normandie. Comme dans la plupart des fermes de la région, la grange est ici séparée de l'habitation.

PETITE CHAUMIÈRE AUX ENVIRONS D'AVRANCHES
Avec leurs murs de pierre, leurs petites fenêtres et leur escalier extérieur, les fermes de Basse-Normandie rappellent, à plusieurs égards, les maisons bretonnes.

Maison rurale aux environs de Lisieux
La disposition originale des colombages croisés et obliques et le grand balcon de bois donnent tout son charme à cette ferme cossue du Calvados. Le toit en ardoise à quatre pentes est caractéristique des maisons de Haute-Normandie.

LE PRESSOIR À CIDRE

Le pressoir, ensemble architectural typique de la Normandie, était réservé à la fabrication du cidre. Il comprenait un grenier où l'on entreposait les pommes, un tour à piler, le pressoir proprement dit et une cave. On écrasait tout d'abord les pommes dans le tour à piler, sorte d'auge circulaire en pierre, au moyen d'une meule en bois actionnée par un bœuf ou un cheval. On laissait ensuite macérer les fruits pendant huit heures dans une cuve, puis on procédait à l'extraction du moût à l'aide du pressoir dit « à bras long » ou « à longue étreinte » en raison de son manche immense au bout duquel tournait une grande vis en bois. On plaçait alors dix couches de pommes séparées par des lits de paille sur la « maie » du pressoir et on les coiffait de billots de bois. On actionnait ensuite la vis afin de bien écraser les pommes sous le bras du pressoir. Le jus s'écoulait par une rigole dans des barils en châtaignier. On le laissait décanter, puis on le transvasait dans les futailles de la cave en vue de sa fermentation.

La ferme bretonne

Austère, simple mais toujours soignée, la ferme bretonne compte parmi les habitations les plus pittoresques de France. Les murs de granite rose ou gris, les arcs de pierre ou les blocs de granite qui encadrent les ouvertures, l'étroitesse des fenêtres et les lucarnes éclairant le grenier lui confèrent un caractère très affirmé.

Il existe en Bretagne deux types de maisons rurales : la maison côtière, de type finistérien, et la maison de l'intérieur, de type morbihannais. La première est une chaumière basse, rectangulaire, sans saillie ni décrochement ou avant-corps, qui s'isole au fond des vallons à l'abri du vent et de la pluie. Sa façade, toujours orientée au sud, est le seul mur à comporter quelques fenêtres. L'écurie, l'étable et les remises sont rassemblées autour de la maison dans des bâtiments séparés ou accolés. Plus haute et d'aspect très différent, la ferme morbihannaise frappe d'abord par l'importance de son toit. Aujourd'hui recouvert d'ardoise mais jadis en chaume, il abrite un vaste grenier à deux étages percé d'ouvertures entourées par un arc en chaume. À l'extérieur, un escalier de pierre permet d'y accéder : grand et massif, il contribue au charme rustique de la maison.

Petite ferme aux environs de Saint-Malo
Les maisons côtières étaient construites pour résister au vent et à la pluie : les façades s'orientaient au sud et c'est là que se concentraient toutes les ouvertures.

Ferme morbihannaise et sa grange attenante
L'escalier de pierre sans balustrade et les arcs en chaume surmontant les ouvertures du grenier sont caractéristiques des fermes bretonnes de l'intérieur des terres.

VIEILLE FERME MORBIHANNAISE
L'aspect rustique de cette maison tient à ses murs bâtis en grosses pierres apparentes et aux blocs de granite qui entourent les portes et les fenêtres. La symétrie de la construction, avec une partie réservée au logis et l'autre au bétail, se retrouve fréquemment en Bretagne.

LES MANOIRS BRETONS

Anciennes demeures seigneuriales, les manoirs, que l'on rencontre fréquemment en Bretagne, sont plus vastes et plus élaborés que les chaumières classiques, en témoigne par exemple le raffinement des arcs en plein cintre ou en accolade qui ornent les portes d'entrée.
Les premiers manoirs apparurent au XIIe siècle et se multiplièrent aux XIVe et XVe siècles. Élevés sur deux niveaux, ils comportaient alors quatre pièces : le seigneur et sa famille logeaient dans une chambre au rez-de-chaussée, près de la salle réservée aux domestiques. Les deux pièces du haut, desservies par un escalier en tourelle, servaient d'ateliers. Parmi les dépendances qui accompagnaient l'habitation, souvent groupées autour d'une cour, on trouvait une grange, une étable, une bergerie, parfois un pigeonnier et une chapelle.

La ferme auvergnate

C'est dans la région montagneuse du Cantal que les fermes auvergnates trouvent leur plus belle expression. Seules ou groupées en villages, elles se distinguent par leurs murs de pierres sombres et leur toiture vaste et abrupte percée de lucarnes superposées. L'étable est généralement contiguë au logis, tandis que les autres dépendances, poulailler, porcherie, fournil et hangar à charrettes, sont dispersés sur le terrain. À l'intérieur, au rez-de-chaussée, la salle commune comprend une grande cheminée avec des bancs dans l'âtre et une souillarde, une niche arrondie pourvue d'un évier et de quelques étagères recevant les ustensiles de cuisine.
Les nombreux greniers à grains qu'abritaient jadis les combles font aujourd'hui office de débarras. En altitude, dans les Monts-Dore, s'élèvent des constructions typiques de la région : les burons. C'était dans ces abris que les bergers, pendant l'estivage, logeaient et fabriquaient leurs fromages.
Avec ses bâtiments disposés autour d'une cour centrale et son toit peu incliné, la maison rurale de Basse-Auvergne diffère nettement des fermes du Cantal. Elle est édifiée en hauteur : le rez-de-chaussée comprenait autrefois la cave, ce qui rappelle que l'Auvergne fut longtemps une grande région viticole.

Pigeonnier dans le Puy-de-Dôme
Simple et élégant, ce pigeonnier en forme de tour carrée est joliment orné de croisillons de bois. Sa toiture en dalles de schiste est typique des constructions auvergnates.

Cour de ferme dans le Cantal
Les bœufs sont attelés devant l'étable, pittoresque bâtiment avec son vaste toit pentu couvert de pierres plates. Les murs de pierres sombres et apparentes se retrouvent dans toute la région du Cantal.

Cour de ferme dans le Puy-de-Dôme

La ferme auvergnate est une maison massive, qui s'impose par sa taille et par la robustesse de son toit. Les lucarnes font partie des éléments caractéristiques des fermes de la région.

La ferme alpestre

Robustes, spacieuses, souvent imposantes, les fermes alpestres possèdent un puissant caractère qui s'accorde à merveille avec le paysage montagneux qui les entoure.
En bois ou en pierre, serrées au creux des vallées ou dispersées sur des prairies bien exposées, elles furent toujours conçues pour résister aux caprices d'une nature hostile, en particulier au vent, au froid et à la neige. D'où la prédominance de la maison-bloc, rectangulaire ou en hauteur, au détriment de la ferme éclatée ou ouverte sur cour : abritant sous le même toit les hommes, le bétail, le fourrage et les provisions, elle permettait de se claquemurer chez soi pendant les longs mois d'hiver. Dans le souci de tout placer dans un seul espace, on avait aménagé de grands balcons de bois protégés par l'avant-toit : jadis, on y faisait sécher le linge, la bouse et le foin et on y entassait le bois que l'on brûlait l'hiver. Seul le « grenier », sorte de chalet en réduction, était séparé de la maison principale. Il ne sert plus guère aujourd'hui, mais le paysan d'autrefois y conservait les céréales, les papiers de famille et les objets de valeur qui pouvaient disparaître en cas d'incendie de l'habitation.

Les toits alpins

En montagne, la rudesse du climat impose de bâtir des toits massifs et solides, devant résister au poids d'un lourd tapis de neige tout en protégeant contre l'humidité. Excellent isolant, le chaume fut très répandu jusqu'au XIXe siècle. Pour qu'il reste sec, on l'utilisait sur des charpentes pointues afin que la neige glisse dessus. Puis il fut remplacé par les tuiles, le bois et les lauses, les pentes se radoucirent : dans ce cas, le toit retenait la neige qui faisait office d'isolant.

LE CHALET D'ALPAGE

À l'approche de l'été commençait la transhumance : on emmenait alors le bétail sur les hauts pâturages où l'on avait édifié des habitations provisoires. Ces chalets, souvent rudimentaires, construits en pierres sèches, en maçonnerie ou en bois, étaient recouverts de lauses ou de planches. La plus grande surface du bâtiment était réservée au troupeau. Le paysan se contentait d'une cuisine où il faisait le fromage et le beurre et dormait sur de simples bats-flancs aménagés au-dessus de l'étable. Une petite pièce, souvent en sous-sol, servait à la conservation des provisions.

Ferme savoyarde

Les fermes savoyardes sont d'imposants chalets conçus pour abriter sous le même toit la famille, le bétail, le fourrage et les provisions. L'étage réservé à l'habitation est surmonté d'une grande galerie de bois ouvrant sur la grange.

Ferme en pierre, typique du Briançonnais

Les balcons pittoresques servaient à entreposer le bois et à faire sécher le linge et le foin destiné au bétail.
À noter, au rez-de-chaussée : les ouvertures en arc de cercle donnant accès à l'étable et aux remises, et l'escalier de pierre menant au logis.

La ferme provençale

La maison provençale se distingue par sa façade sobre aux teintes subtiles et par son toit à tuiles canal dont la pente peu accentuée évite de donner prise au vent.
Lorsqu'elle est isolée en plaine, la ferme s'accompagne de dépendances : remise, écurie et bergerie sont alors réparties autour d'elle en cour fermée ou en bloc linéaire. Souvent de hauteurs inégales, les différents volumes forment un ensemble hétéroclite très original. Un pigeonnier, pittoresque avec son toit à une seule pente, ainsi qu'un puits à margelle de pierre complètent l'entourage de la maison. Quant au logis, construit sur deux niveaux, il se compose d'une salle commune et d'une cave au rez-de-chaussée, et de plusieurs pièces à l'étage. Jadis, celles-ci servaient autant de chambres à coucher que de greniers : à côté des lits s'accumulaient les sacs de blé et les claies où l'on étalait les raisins, les figues et les olives.
Les maisons des villages, tassées les unes contre les autres, ne pouvaient guère s'étendre et s'élevaient donc en hauteur : le rez-de-chaussée abritait les remises et le bétail, et la pièce commune se trouvait en étage. Pour remédier au manque de place, les fermiers allaient parfois construire des annexes loin des villages, dans les plaines.

Mas cévenol
Avec ses fenêtres à peine plus grandes que des meurtrières, son toit peu couvrant et sa forme strictement rectangulaire, cette ferme provençale est l'exemple même de la sobriété. Seuls les escaliers viennent rompre l'austérité de l'ensemble.

Les différents types de maisons provençales et leurs appellations

En Provence, différents noms sont donnés à la maison, chacun référant à un genre particulier de construction. Mas est le terme générique employé pour une ferme de plaine, excepté en Camargue et dans la Crau où il désigne une maison de maître. L'oustau est une maison villageoise. Les Provençaux appellent bastides les gentilhommières accompagnées de l'habitation et des bâtiments d'exploitation d'un fermier.
Citons également les cabanes, que l'on appelle bories en Provence : utilisées comme annexes par les exploitants, ces bâtisses rudimentaires pouvaient servir d'étable, de grenier, de pressoir à huile ou encore de bergerie. Quand elles faisaient fonction d'habitation temporaire, elles étaient dotées d'un étage et pourvues de dépendances regroupées autour d'une cour. De forme ronde ou carrée, les cabanes se singularisent par leurs murs faits exclusivement de pierres sèches et par leur toit en coupole. Aujourd'hui, si certains groupements de bories sont achetés par des propriétaires qui les transforment en résidence secondaire, la plupart sont simplement utilisés comme remises.

Ferme près de Pierrelatte, dans la Drôme
Les bâtiments, de hauteurs inégales et agencés sans logique apparente, coiffés d'un toit à deux ou quatre pans, donnent un aspect composite à ce mas original et séduisant.

Ferme aux environs de Buis-les-Baronnies, dans la Drôme
Avec ses murs de pierre et ses bâtiments à étages, la maison s'intègre parfaitement dans le paysage aride et vallonné qui l'encadre.

Vaste propriété dans le Gard
En Provence, les bâtiments formant le mas se déploient en longueur ou se groupent, comme ici, autour d'une cour fermée.

Les décorations extérieures

Linteaux, épis de faîtage, girouettes, cadrans solaires… les maisons rurales traditionnelles s'ornent d'une foule d'éléments qu'il serait réducteur d'assimiler à de simples décors, ou, pour certains, à des objets purement fonctionnels. Discrets ou franchement ostentatoires, sobres ou savamment travaillés, ces ornements avaient également une fonction informative et protectrice.

Ainsi en était-il de la girouette qui, au-delà de son rôle d'indicateur météorologique, renseignait sur le métier du propriétaire, figurant selon les cas des scènes de labour, de vendanges, des activités d'élevage, etc. Quant aux linteaux, gravés ou sculptés au-dessus des portes d'entrée, ils informaient de la profession ou de l'identité du propriétaire, ou encore de la date de construction de la demeure. Les motifs géométriques, tels le losange ou la croix, les cœurs et les symboles solaires que l'on voit parfois peints, gravés ou sculptés en divers endroits des maisons, étaient destinés à écarter tout ce qui pouvait nuire à la santé de la famille et du bétail et à la qualité des récoltes. Les épis de faîtage de forme simple jouaient également ce rôle protecteur tandis que d'autres, parfois élaborés et volumineux, exprimaient surtout le désir d'embellir l'édifice.

Girouette et animal fantastique
Le bestiaire fantastique figurait sur quantité de girouettes : la représentation de monstres marins, de dragons ailés et autres bêtes effroyables était destinée à éloigner les puissances maléfiques. Outre ce rôle protecteur, ces animaux avaient également pour fonction d'effrayer et d'écarter les voleurs éventuels.

Construire un cadran solaire

S'ils eurent un rôle utilitaire, les cadrans solaires furent aussi employés à des fins ornementales. Gravés dans la pierre des façades ou simplement peints sur les murs, ils étaient toujours placés de façon à attirer le regard. Les sentences qu'ils portent parfois, loin d'invoquer la protection du soleil, disent la fragilité de la vie et la fuite du temps. *Vita fugit, sicut umbra* (« la vie s'enfuit, comme l'ombre »), ou encore « Pécheurs, comptez vos heures » sont parmi les plus répandues.

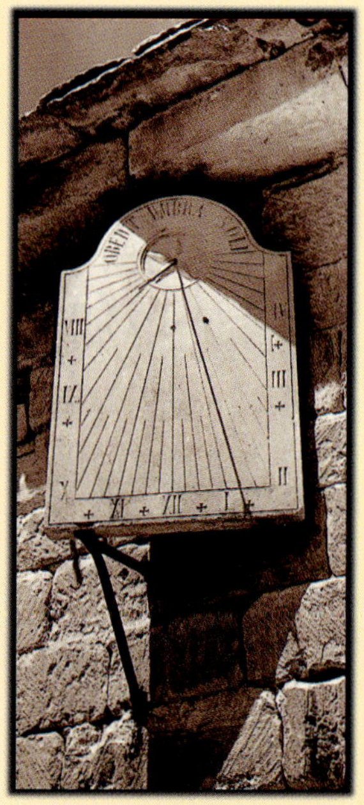

Pour construire votre cadran solaire, installez-vous dans un lieu bien ensoleillé. Posez une grande feuille de papier sur une planchette en vérifiant à l'aide d'une boussole que le bord de la plaque est bien orienté nord-sud. Plantez-y une tige perpendiculairement à la feuille. À une heure donnée, repérez l'ombre que dessine le bâton (gnomon) sur la feuille et placez une punaise à son extrémité. Renouvelez l'expérience à chaque heure exacte. Une fois ce travail terminé, mesurez les ombres et repérez la plus courte : c'est celle qui correspond au midi solaire. Et surtout, n'oubliez pas la petite sentence…

Ornements d'un corps de ferme en Beauce

L'épi de faîtage sur le toit de l'habitation et les branches de buis suspendues aux linteaux des portes ont pour fonction de protéger la famille, ses bêtes et ses biens agricoles. D'autres ornements, comme les encadrements de brique aux ouvertures, expriment le seul souci d'embellir la demeure.

Jardinier et sa brouette à Sablé, dans la Sarthe

Quantité de girouettes jouent le rôle d'enseignes et informent sur le métier exercé par leur propriétaire. Les images de laboureurs, viticulteurs et bergers sont légion, tandis que les figures de jardiniers se rencontrent presque exclusivement dans les Pays de Loire.

Cadran solaire

Parfois imposants, toujours placés en évidence sur les façades des maisons, les cadrans solaires ne manquent jamais d'attirer le regard.

Girouette d'un cordonnier dans l'Indre

Les images d'artisans villageois se rencontrent sur tout le territoire. Les cordonniers sont représentés, comme ici, au travail, ou sont plus simplement symbolisés par une chaussure.

L'INTÉRIEUR

Dans sa forme primitive, le logis du paysan se réduisait à une pièce unique, la « salle », à la fois lieu de séjour et de repos. Par la suite, avec l'agrandissement des maisons et l'apparition des chambres à coucher, cette pièce fit seulement fonction de cuisine et de salle à manger. Selon les régions, le sol était recouvert de dalles de pierre ou de terre cuite ou, dans les habitations les plus modestes, simplement de terre battue. Dans la salle, on trouvait un évier en pierre, une massive table en bois entourée de bancs et de chaises, un vaisselier ou un buffet surmonté ou non d'un dressoir pour la batterie de cuisine, une maie pour les réserves de nourriture et une huche à pain. La cheminée, souvent très vaste, servait à la préparation des repas, excepté dans les fermes équipées d'une cuisinière à bois. Les chambres comprenaient généralement un lit avec des montants en bois et une armoire à linge d'un style parfois très raffiné : c'était le cas des armoires bretonnes, normandes et alsaciennes, qui présentaient d'élégants ornements de rosaces, de corbeilles de fruits ou encore de guirlandes de fleurs. Dans certaines fermes, on avait également aménagé une pièce au rez-de-chaussée pour servir d'atelier ou de buanderie.

INTÉRIEUR DE FERME DANS LES LANDES
Dans cette ferme rudimentaire, la famille et le bétail logent sous le même toit. Bien qu'une demi-porte sépare le logis de l'étable, le foin qui nourrit les animaux est stocké dans la salle commune.

LE LIT

Dans les fermes, tous les lits n'étaient pas placés dans des chambres à part : une partie de la famille, les enfants bien souvent, dormait dans la pièce commune. Les lits de la salle étaient alors installés dans une alcôve, cloison de bois fermée par de lourdes tentures.
La Bretagne offrait un type de lit très particulier : le lit clos. Le couchage était placé dans la partie supérieure d'une armoire ajourée qui s'ouvrait par des panneaux de bois coulissants, souvent décorés de rosaces et de clous de cuivre sur les bords. Lorsqu'il y avait plusieurs armoires, elles étaient disposées en enfilade contre les murs. Au sol, devant le meuble, se trouvait un banc qui servait à la fois de siège, de marche-pied pour atteindre le lit et de coffre pour les vêtements. On raconte que les Bretons inventèrent le lit clos pour se protéger des loups qui pénétraient dans les maisons, la nuit…
Quant à la literie, elle se composait d'une paillasse ou d'un sommier, d'un matelas de laine ou de plume surmonté d'un traversin et d'oreillers, et le tout était recouvert d'un lourd édredon.

Crémaillère
Accrochée au fond de la cheminée, la crémaillère servait à suspendre la chaudière, les marmites et autres ustensiles de cuisine. De là l'expression « pendre la crémaillère ».

Salle de ferme
Le mobilier, ici un buffet surmonté d'un dressoir et une horloge, provenait souvent d'héritages. Ce n'est qu'au cours du XXe siècle que les paysans s'adresseront au menuisier du village pour faire confectionner leurs meubles.

Le confort

Au début du XXe siècle, les paysans jouissaient d'un confort tout à fait relatif, voire inexistant. L'alimentation en eau, en particulier, constitua longtemps, et dans bien des régions, un problème difficile à résoudre : l'eau courante, qui apparut à la fin du XIXe siècle dans les campagnes bien loties, ne s'étendit à l'ensemble du pays que dans les années 1950. Jusque-là, on allait donc recueillir l'eau potable dans les sources, à la fontaine ou au puits communal le plus proche. Porter les seaux, sur de longues distances parfois, ou les remonter des puits à la force des bras était une besogne quotidienne épuisante… aussi cette eau servait-elle uniquement à la cuisson des aliments et à la boisson. Pour abreuver les animaux et laver le linge, on récupérait dans des tonneaux ou des citernes les eaux pluviales qui tombaient des toits, excepté en période de sécheresse où il fallait charrier l'eau plusieurs fois par jour depuis la rivière.

Les campagnes s'approvisionnaient plus facilement en bois qu'en eau. Selon les régions, la chaleur était dispensée par la cheminée ou la cuisinière à bois de la grande salle, qui resta pendant longtemps la seule pièce du logis à être chauffée.

Paysanne pompant de l'eau
Au début du XXe siècle, le temps de l'eau courante est encore bien loin. C'est à la force des bras qu'il faut pomper l'eau.

Puits au toit de lause
Cette famille auvergnate a la chance d'avoir un puits dans sa cour, ce qui était loin d'être la règle dans les campagnes françaises au début du XXe siècle.

Lampe à pétrole
Plus éclairantes et moins dangereuses que les lampes à huile, les lampes à pétrole furent à l'origine d'une véritable révolution dans l'éclairage des maisons.

Salle de ferme

C'est dans la cheminée que se prépare la cuisine, c'est elle aussi qui constitue la principale source de chaleur.

DE LA LAMPE À HUILE À L'AMPOULE ÉLECTRIQUE

Jusqu'au début du XIXe siècle, l'éclairage était assuré par la lampe romaine, appelée caleu en Provence et chaleil dans le Limousin, lampe à huile portative peu éclairante pourvue d'une ou plusieurs mèches. On s'éclairait également au moyen de chandelles, cylindres de suif que l'on faisait brûler par une mèche centrale en coton tressé. Nauséabondes et peu efficaces, elles furent remplacées au cours du XIXe siècle par les bougies à la stéarine. Par la suite apparurent les lampes à pétrole qui, peu coûteuses et bien éclairantes, furent à l'origine d'une véritable révolution dans les maisons. On s'en servit d'abord dans les lampes ballons à support instable, dont le maniement présentait de sérieux dangers. La lampe Pigeon, comme d'autres récipients encore, qui donnaient à la fois plus de lumière et une sécurité absolue, se généralisa dans les campagnes au début du XXe siècle. Dans les années 1940, la France entière était pourvue en électricité. Bougies, chandeliers, lampes à gaz et autres ornaient désormais les rebords de cheminée…

HOMMES ET FEMMES AU TRAVAIL

Paysan martelant sa faux pour la redresser.
Page précédente : le maréchal-ferrant ferre un bœuf après l'avoir placé dans le travail, pièce de bois servant à immobiliser les animaux réticents.

Hommes et femmes au travail

Agriculteurs, meuniers, forgerons, maréchaux-ferrants, tonneliers, charrons, bourreliers, etc. : la France rurale d'autrefois comptait une multitude de travailleurs, dont l'activité était, de près ou de loin, liée à l'agriculture. Parmi eux, les gens de la terre formaient un groupe aussi nombreux que disparate : ils comprenaient les petits cultivateurs, que le travail de la terre n'occupait pas entièrement, et qui se consacraient à d'autres activités ; ceux qui exploitaient leur terre en famille, aidés parfois d'un ou deux domestiques ; les gros propriétaires, qui s'attachaient les services de plusieurs ouvriers agricoles.

La population dévouée au travail de la terre bénéficiait de statuts très divers. Les paysans étaient souvent employés par un gros propriétaire terrien, en tant que fermiers ou métayers. Avec ce statut assez instable, ils n'étaient jamais vraiment sûrs de pouvoir se maintenir sur l'exploitation. Les agriculteurs pouvaient également être propriétaires de leur terre, grâce notamment à des alliances entre familles de paysans aisés, alliances qui étaient la clé de l'augmentation de la surface possédée. Beaucoup ne possédaient que quelques hectares qu'ils cultivaient parallèlement à leurs autres activités, artisanat ou élevage. Les ouvriers agricoles, indispensables auxiliaires, étaient principalement employés comme valets d'écurie ou vachers, auquel cas ils restaient à la ferme, pansaient les bêtes et s'occupaient de l'entretien de l'étable ou de l'écurie, ou bien encore comme charretiers. Enfin, des ouvriers saisonniers, troupe très mêlée constituée aussi bien de migrants temporaires que des gens du village, fournissaient le surcroît de main-d'œuvre nécessaire pendant les gros travaux des champs.

Nombreux étaient les artisans qui avaient leur atelier au village : ils confectionnaient et réparaient des outils de toutes sortes, qui servaient directement aux paysans. Le forgeron réalisait des fourches, des faux, des socs de charrue, etc. Le maréchal-ferrant ferrait tous les animaux de trait. Ce personnage fut toujours entouré d'une certaine aura. Était-ce parce que, comme le forgeron, il maîtrisait le feu et le fer ? Quoi qu'il en soit, sa notoriété remonte très loin : on lui attribua longtemps des pouvoirs diaboliques, et l'on affirmait qu'il savait détourner la foudre. Jusqu'à la création des premières écoles vétérinaires, c'est à lui que les paysans amenaient leur bêtes malades.

Il guérissait aussi, paraît-il, les enfants atteints de convulsions. Pour ce faire, il allongeait l'enfant sur l'enclume, portait des coups de marteau de chaque côté du corps et faisait semblant de frapper le malade, qui se mettait alors à hurler : les vibrations de l'enclume et la contraction des nerfs de l'enfant provoquaient la guérison... Même lorsque ces croyances disparurent, le maréchal resta un artisan profondément estimé.

Les agriculteurs n'auraient guère pu se passer non plus du bourrelier, qui fabriquait les selles et les colliers des chevaux, confectionnait et réparait les toiles des moissonneuses, les bâches, les fouets, ni de celle du charron, qui fabriquait des charrettes de toute dimension et pour tous les usages. Quant au vigneron, il dépendait du tonnelier, doué d'un grand savoir-faire : le voici fendant des troncs d'arbres pour en faire des planches, les assemblant en tronc de cône, cerclant le tonneau. Il réalisait également des hottes en bois, des bacs, des brocs, des seaux, etc.

Tous ces artisans vivaient au même rythme que les paysans. En avril et mai, dans les pays viticoles, les maréchaux se consacraient à la réparation des houes des vignerons ; puis ils ferraient les charrettes en vue des foins et de la moisson ; à la saison froide, ils remettaient en état les outils des bûcherons, et à la fin de l'hiver, ils réparaient les herses pour les semailles de printemps. Les gens de métier étaient nombreux aussi à participer aux gros travaux des champs : en été, on les voyait moissonner, tandis que les tonneliers prêtaient main-forte aux vignerons lors des vendanges.

Les artisans durent s'adapter aux changements qui frappèrent le monde agricole au cours du XXe siècle : ceux dont le travail était étroitement lié au cheval et à l'attelage n'eurent d'autre choix que de fermer boutique lorsque le tracteur remplaça la bête de trait. Les maréchaux se reconvertirent dans la mécanique, dans la carrosserie ou dans la vente et la réparation du matériel agricole fabriqué en

Les femmes, fermières comme servantes, qu'on appelait aussi filles de ferme, effectuaient des tâches aussi variées qu'exténuantes.

usine. Les bourreliers devinrent matelassiers ou tapissiers. De leur travail d'antan, il ne reste plus que quelques objets, qui, d'utiles, sont devenus décoratifs : c'est le collier du bourrelier que l'on voit accroché dans une écurie, ou encore le fer à cheval porte-bonheur fixé au-dessus d'une porte. L'engouement pour l'équitation permit cependant à certains d'entre eux de conserver leur activité d'origine : quelques maréchaux se déplacent de haras en centres équestres pour ferrer les bêtes, et un petit nombre de bourreliers confectionne les selles des chevaux de course.

Quant aux meuniers, leur nombre alla en décroissant lorsque les minoteries remplacèrent les moulins à vent et à eau traditionnels, comme le raconte Alphonse Daudet dans *Les Lettres de mon moulin* :

« Maître Cornille était un vieux meunier, vivant depuis soixante ans dans la farine et enragé pour son état. L'installation des minoteries l'avait rendu comme fou. Pendant huit jours, on le vit courir par le village, ameutant le monde autour de lui et criant de toutes ses forces qu'on voulait empoisonner la Provence avec la farine des minotiers. »

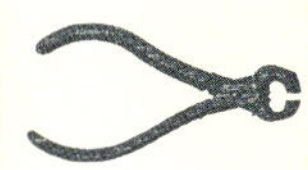

Dans les régions productrices de vin ou de cidre, le tonnelier faisait partie des personnages clés du village, garant de la bonne conservation et de la maturation parfaite de la précieuse production. Ici, l'artisan procède au serrage d'une barrique.

La journée d'un paysan

Les journées étaient longues à la campagne, et harassantes. On se levait tôt, très tôt… Après avoir nourri les chevaux, le fermier retrouvait sa famille pour partager le petit déjeuner, fait de morceaux de pain coupés dans un bol de lait et de café. Puis, ses bêtes attelées, il s'en allait aux champs. Son travail s'adaptait au rythme des saisons : il semait et labourait la terre au printemps et à l'automne, faisait les foins en juin, moissonnait et battait le blé l'été. En période de moisson, la plus pénible de l'année, le paysan emportait avec lui son déjeuner et ne rentrait à la ferme qu'à la nuit noire. Mais, à peine arrivé, il lui fallait encore panser ses bêtes et remplir les râteliers. L'hiver, les travaux des champs ayant cessé, il allait en forêt couper le bois pour l'année et s'occupait de l'entretien de la ferme : les haies étaient taillées, les charrettes et les harnachements révisés, les chemins remis en forme, les fossés nettoyés, les mangeoires ou le poulailler refaits à neuf. Après quatorze à seize heures passées ainsi à travailler, il était temps de s'asseoir pour le repas du soir, un repas copieux bientôt suivi de la veillée autour de la grande cheminée. Puis on irait se coucher, après avoir fait une dernière ronde dans la cour pour vérifier que tout était en ordre.

Les chevaux attelés
Premier travail de la journée : l'attelage des bêtes. Le collier, les œillères, la selle et la sous-ventrière comptent parmi les pièces principales du lourd habillage des chevaux.

LES SEMAILLES D'AUTOMNE

« **Jean, ce matin-là**, un semoir de toile bleue noué sur le ventre, en tenait la poche ouverte de la main gauche, et de la droite, tous les trois pas, il y prenait une poignée de blé, que d'un geste, à la volée, il jetait. Ses gros souliers trouaient et emportaient la terre grasse, dans le balancement cadencé de son corps ; tandis que, à chaque jet, au milieu de la semence blonde toujours volante, on voyait luire les deux galons rouges d'une veste d'ordonnance, qu'il achevait d'user. Seul, en avant, il marchait, l'air grandi ; et derrière, pour enfouir le grain, une herse roulait lentement, attelée de deux chevaux, qu'un charretier poussait à longs coups de fouet réguliers, claquant au-dessus de leurs oreilles.
« La parcelle de terre, d'une cinquantaine d'ares à peine, au lieu-dit des Cornailles, était si peu importante, que M. Hourdequin, le maître de la Borderie, n'avait pas voulu y envoyer le semoir mécanique, occupé ailleurs. Jean, qui remontait la pièce du midi au nord, avait justement devant lui, à deux kilomètres, les bâtiments de la ferme. Arrivé au bout du sillon, il leva les yeux, regarda sans voir, en soufflant une minute. »
Émile Zola, *La Terre,* 1887.

En route pour les champs
Attelés par paires, soumis au joug, les bœufs sont les alliés précieux du paysan pour le transport des récoltes.

Paysan
Râteau et fléau à l'épaule, le paysan s'apprête à battre les gerbes de blé sous le soleil implacable de l'été.

Les chevaux attelés
Premier travail de la journée, et non des moindres : l'attelage des bêtes.

La journée d'une paysanne

Réveillée en même temps que son époux par le chant du coq, la paysanne commençait sa journée par la traite des vaches. Cette première corvée effectuée, elle rentrait à la maison préparer le petit déjeuner et réveillait ses enfants. Ceux qui avaient moins de douze ans iraient à l'école ; les autres, les « grands », resteraient avec elle pour l'aider : ils changeraient la litière des bêtes, emmèneraient promener les oies, les filles participeraient à la cuisine.
Le matin, la fermière s'occupait des animaux : elle distribuait leur pitance aux lapins et à la volaille, portait le foin au bétail et l'eau aux brebis. Au poulailler, elle se mettait en quête des œufs, souvent cachés dans les recoins les plus insolites, et conduisait ensuite les vaches au pré. Après le repas de midi, frugal et rapide, la paysanne allait chercher l'eau au puits ou à la rivière. Après avoir passé un peu de temps au potager, elle sortait de nouveau les vaches. Les jours de marché, la paysanne se rendait au village pour vendre les produits de son activité – des fruits et légumes, des œufs, du lait, parfois quelques lapins. Plusieurs fois par an, elle allait au lavoir faire la lessive et, pendant les moissons et la fenaison, il lui arrivait d'aider les hommes aux champs. Le temps du repos ne venait pour elle qu'après la veillée, où, aidée de ses filles, elle rapiéçait les vêtements.

Jour de marché
Un goret est né, tout de suite prêt à être vendu sur la place du village !

Cour de ferme
La paysanne distribue ses graines à la volaille sous l'œil attentif du chien, qui veille à ce qu'aucune poule ne s'échappe.

Paysannes dans le Limousin
Les paysannes ramassent le bois mort trouvé au détour des chemins. Car il faut du bois pour se chauffer l'hiver, mais aussi, au quotidien, pour préparer les repas.

À la fontaine
Les paysannes allaient chercher de l'eau plusieurs fois par jour au puits ou à la fontaine communale.

La basse-cour
Comme le puisage de l'eau et la vente des produits fermiers sur le marché, la surveillance de la basse-cour incombait à la fermière.

LA PAYSANNE ET SES VACHES

D'abord, il y avait la traite. Elle avait lieu deux fois par jour, le matin et le soir, et une troisième fois le midi quand la vache avait vêlé. Dans l'étable ou dans la prairie, assise sur un petit tabouret, un seau entre les jambes, la paysanne commençait par nettoyer les trayons pour éviter de salir le lait. Puis, un trayon dans chaque main, elle tirait alternativement dessus en appuyant fortement sur les pis pour faire venir le liquide. Dès qu'il ne coulait plus, elle passait aux deux autres pis. Traire une vache demandait dix minutes. Le lait était ensuite passé puis mis en bidons. On en conservait un peu pour soi, et l'on vendait le reste, au laitier le matin, aux clients qui venaient le chercher à la ferme, ou sur le marché. Traites, pansées, les vaches étaient ensuite conduites aux champs. La première était tenue par une corde placée autour de ses cornes et les autres suivaient, obéissantes. Arrivées au champ, on les attachait au pieu et on retournait les prendre à midi. La paysanne les y reconduisait l'après-midi, les amenait à l'abreuvoir le soir, et le lendemain, tout recommençait !

Le meunier

Figure légendaire qui inspira maints dictons et chansons populaires, le meunier fut celui qui, des siècles durant, pourvut aux besoins quotidiens des communautés villageoises. Les paysans lui portaient le grain à moudre et revenaient chercher la farine qui leur servirait à faire l'aliment sacré : le pain.
Le meunier était payé en nature et conservait généralement un dixième de la mouture de ses clients. Mais ceux-ci l'accusaient toujours d'en prélever davantage : « Meunier larron, voleur de blé c'est ton métier », raillait-on en Bretagne.
Parmi les devinettes qui amusaient les villages : « Pourquoi les cigognes ne nichent-elles jamais sur le moulin ? C'est qu'elles ont peur que le meunier ne leur vole leurs œufs ! »
Que cette mauvaise réputation soit ou non justifiée, il reste que le meunier exerçait un métier pénible réclamant une vigilance de tous les instants : le principal danger était de voir ses doigts broyés entre les meules suite à une mauvaise manipulation.
En outre, la farine étant très inflammable, les risques d'incendie étaient quasi permanents. Il fallait aussi compter avec les caprices de la nature : que le vent cesse de souffler ou que l'eau se mette à geler, et l'activité du moulin s'interrompait…

Un meunier en Auvergne
Les villageois ne venaient pas toujours récupérer leur farine au moulin. Ici, le meunier s'apprête à livrer la marchandise à sa clientèle.

LA FÊTE AU MOULIN

« **Le dimanche**, nous allions au moulin par bandes. Là-haut, le meunier payait le muscat. Les meunières étaient belles comme des reines, avec leurs fichus de dentelles et leurs croix d'or. Moi j'apportais mon fifre, et jusqu'à la noire nuit, on dansait des farandoles. Ces moulins-là, voyez-vous, faisaient la joie et la richesse de notre pays. »
Alphonse Daudet, *Lettres de mon moulin*.

Le moulin de Barbatre, à Noirmoutier-en-l'Île, en Vendée
Depuis longtemps déjà, les moulins ont perdu leurs voiles… Même lorsqu'ils sont inactifs, leurs belles silhouettes continuent d'embellir les paysages.

Moulin à eau sur la Creuse
Contrairement à une opinion répandue, les moulins à eau étaient bien plus nombreux que les moulins à vent.

Roue d'un moulin à eau
L'énergie de l'eau est captée par la roue, qui la transmet aux meules entre lesquelles les grains de blé sont broyés.

LE FONCTIONNEMENT DU MOULIN

Moulins à eau et à vent fonctionnent de manière identique : l'énergie naturelle est captée par une roue (pour les premiers) ou des ailes (pour les seconds) puis transmise à une meule tournante superposée à une meule fixe.
Après être passé au crible et ainsi « nettoyé », le blé est versé dans un entonnoir en bois, la trémie, puis s'écoule à travers un conduit, l'auget, qui le guide vers les meules entre lesquelles il est broyé. La mouture tombe alors par l'œillard jusque dans un tamis, le blutoir, qui permet de séparer la farine du gruau et du son.

LE MARÉCHAL-FERRANT

L'atelier du maréchal était le lieu de rencontre par excellence. Il attirait les voyageurs, et les villageois aimaient s'y retrouver pour échanger les dernières nouvelles. C'était aussi et surtout ce lieu indispensable où l'on remplaçait les fers des bêtes usés à force de voyages. Le maréchal ferrait les chevaux, les ânes, les mulets et les bœufs. Il avait appris le métier au cours de son compagnonnage, et sur la façade de l'atelier il avait apposé son chef-d'œuvre, le « bouquet de saint Éloi », qui était un ouvrage forgé composé de tous les fers qu'il savait fabriquer.
Le ferrage d'un cheval lui demandait une heure. Les bêtes les plus récalcitrantes étaient mises dans un « travail », sorte de cage où l'animal était immobilisé. Après avoir débroché le fer usagé, le maréchal enlevait la corne au moyen d'un rogne-pied puis nettoyait le sabot : il disait alors qu'il « parait ». Pendant ce temps, le fer neuf chauffait dans la forge. Lorsqu'il virait au rouge sombre, le maréchal le posait sur le sabot, l'ajustait puis passait au brochage. Mais le maréchal ne se contentait pas de taper sur le fer : homme à tout faire pourvu que ce soit en métal, il réparait et fabriquait les outils des fermiers, aidait les charrons à ferrer leurs équipages et, au besoin, se faisait serrurier.

Chez le maréchal
Toujours un peu nerveux le jour de la visite chez le maréchal, le cheval doit être rassuré avant d'être ferré.

Brochoir
Ce marteau de maréchal-ferrar servait aussi à enlever les clous.

Tricoises
Utilisée pour couper les clous, cette pince servait aussi à soulever et à enlever les fers usagés.

Lime à gros grains
Pour arrondir le bord inférieur du sabot et mieux l'adapter au fer, le maréchal-ferrant utilisait une lime à gros grains.

LA LÉGENDE DE SAINT ÉLOI

La légende raconte qu'Éloi, maréchal-ferrant de renom, avait inscrit sur sa porte la devise suivante : « Maître sur maître et maître sur tous. » Pour le punir de son orgueil, Jésus se présenta à son atelier en se faisant passer pour un compagnon forgeron. Mal accueilli, finalement embauché, il fut mis au défi de ferrer un cheval peu commode. Jésus alla à l'animal, lui coupa un pied, mit le pied à l'étau, cloua un fer neuf au sabot puis remit miraculeusement le pied en place. Ébahi, Éloi tenta de l'imiter, mais ne parvint qu'à estropier l'animal. Réalisant soudain à qui il avait affaire, le maréchal se repentit et consentit à retirer l'enseigne de sa porte.
Éloi est le patron des maréchaux et des forgerons. Le 1er décembre, jour de sa fête, les apprentis avaient coutume d'accrocher un bouquet sur la porte de l'atelier avant l'arrivée du maître-maréchal. L'après-midi, ils sonnaient l'enclume pour annoncer la fête, à laquelle étaient conviés clients, forgerons, bourreliers et charrons.

Enclume
Cet élément clé de l'équipement était personnel à l'artisan qui l'utilisait. Celle-ci appartenait à un compagnon forgeron et est datée du XVIIIe siècle.

Tenailles
Les tenailles, de formes et de tailles adaptées à la diversité des besoins de l'artisan, étaient indispensables pour ne pas se brûler.

Coupe-queue et brûle-queue
Pour des raisons d'hygiène, la queue des chevaux était parfois coupée par le maréchal-ferrant avec le coupe-queue (en haut). La blessure était ensuite cautérisée avec le brûle-queue (en bas).

Le débrochage du fer
Le paysan soulève la patte du cheval, tandis que le maréchal, tricoises en main, s'apprête à débrocher le fer usagé.

Le charron

Autrefois, chaque village avait son charron. Comme le maréchal-ferrant et le bourrelier, il était indispensable aux agriculteurs puisque c'était lui qui fabriquait et entretenait le matériel nécessaire au transport, depuis les brouettes jusqu'aux chars à bœufs. Comme eux, il avait fait son tour de France et avait présenté son chef-d'œuvre, au terme de ses quatre années d'apprentissage qui consistait à ajuster une roue à rais multiples ou à monter une voiture. Pour construire une charrette, le charron employait des bois solides et résistants : le chêne pour le châssis et les rayons des roues, l'orme pour le moyeu et le frêne pour les jantes. La construction des charrettes l'occupait généralement en hiver et au printemps. Les moissons venues, il se livrait à des travaux de moindre envergure et passait la majeure partie de son temps aux champs à réparer les charrettes des paysans qui, sous l'effet de la chaleur, avaient tendance à craquer de partout. Tributaire du monde paysan, le charron en subit l'évolution. Les remorques métalliques succédèrent aux charrettes et les roues en fer remplacèrent les roues en bois : bon nombre d'artisans durent se reconvertir dans la carrosserie et la vente de machines agricoles.

Sainte Catherine

Les charrons ont pour patronne sainte Catherine, fêtée le 25 novembre. D'après la légende, Catherine d'Alexandrie, princesse d'Orient convertie au christianisme, refusa à l'empereur de renoncer à sa foi. Elle fut condamnée au supplice de la roue, qui, par chance, se brisa...

Rabot de charron
Les amples poignées de ce rabot, également appelées queues, permettaient une bonne prise en mains de l'outil.

Guillaume à queue
Le guillaume sert à faire des rainures et des moulures. Celui-ci est marqué au nom de son propriétaire, comme le faisaient souvent les artisans avec leurs précieux outils.

Rabot à queue
Les rabots de charron sont très variés dans leur forme. Celui-ci présente une particularité supplémentaire : un cœur a été gravé dans le bois.

Bouvet à rainurer
La précision de cet outil du charron était indispensable pour creuser les rainures nécessaires à une roue parfaite.

FABRICATION DES ROUES
La confection des roues est le travail le plus délicat en charronnage. Ici, sous le regard admiratif de ses confrères, l'artisan scie les planches de bois qui serviront à fabriquer les rais.

LE MONTAGE D'UNE ROUE

Pour fabriquer une roue, on commençait par la confection du moyeu. Réalisé dans de l'orme tortueux, celui-ci était dégrossi à la scie à ruban puis passé au tour à pédale. Le charron creusait ensuite les logements des rais au ciseau à bois et perçait un trou en son centre, destiné à recevoir l'essieu en fer. Sciés, repris à la plane, les rais étaient alors enfoncés dans le moyeu. Une fois découpés, les éléments de jante étaient assemblés entre eux et aux rayons par des tenons. Venait ensuite le ferrage de la roue, nécessaire pour la maintenir assemblée et la protéger de l'usure : on coupait une barre de fer que l'on passait à la cintreuse pour en faire un cercle puis on la plongeait dans un grand feu. Le cercle était ensuite appliqué sur la roue et immédiatement aspergé pour qu'il ne brûle pas le bois. Il ne restait plus qu'à ajuster la roue à la charrette.

Le bourrelier

Le bourrelier se consacrait à la fabrication et à l'entretien des harnais qui habillaient les chevaux de labour et de trait. Il les confectionnait en automne et en hiver ; au printemps, il fermait boutique et faisait le tour des fermes pour les réviser et refaire les pièces défectueuses, notamment les colliers, dont le cuir et le rembourrage, pénétrés de la sueur de la bête, se gâtaient rapidement.
La réalisation d'un harnais complet était une opération longue et minutieuse qui demandait de maîtriser le travail du cuir, du bois, du cuivre et du fer, et qui impliquait la confection d'un très grand nombre de pièces. Parmi celles-ci : une selle de cuir, maintenue autour du ventre de l'animal par une sous-ventrière et pourvue d'anneaux destinés à recevoir les brancards de la charrette ; un collier, toujours fabriqué à la mesure du cheval, relié aux brancards par des traits ; une avaloire, lanière de cuir entourant les cuisses de l'animal et utilisée pour faire reculer l'attelage. Le harnachement était complété par une croupière, un mors, des œillères, une têtière, des brides et des guides.
Au vu de cet habillage, on comprend pourquoi les bourreliers pouvaient difficilement exécuter plus de dix harnais par an !

Tranchets
Ces lames, très affilées, servaient à couper le cuir selon des tracés précis.

Couteau à pied
Parfaitement aiguisé, ce couteau servait à découper le cuir, et était utilisé par tous les professionnels de cette matière.

Finitions
Tout à son travail, ce bourrelier confectionne un harnachement soigné : des liserés blancs ornent les colliers.

Forme en bois
Cette armature accueillera la selle en cours de fabrication.

Compas à rondelles
Au lieu d'un crayon, ce compas est équipé d'une lame pour découper des pièces de cuir rondes.

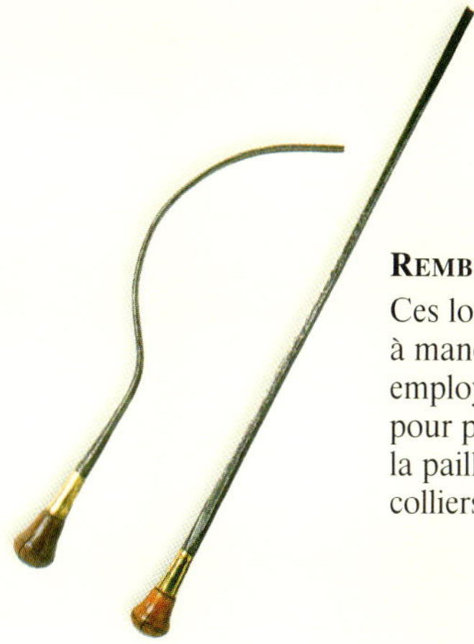

Rembourroirs
Ces longues aiguilles d'acier à manche de bois étaient employées par les bourreliers pour pousser la laine, la paille ou le crin à l'intérieur des colliers pour les chevaux.

Alênes
Après le traçage de la ligne de couture avec la griffe, ces petits outils servaient à percer les avant-trous dans le cuir pour faciliter le passage de l'aiguille.

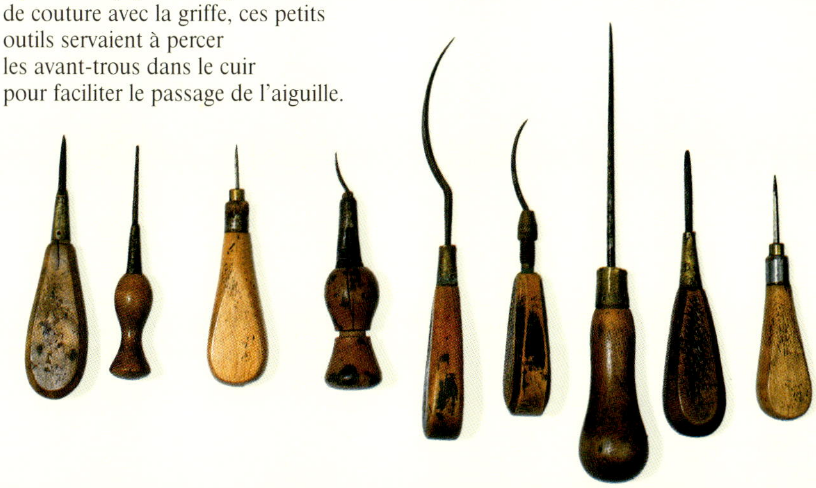

Outil pour parer le cuir
Pour diminuer un tant soit peu l'épaisseur du cuir, le bourrelier utilisait cet instrument.

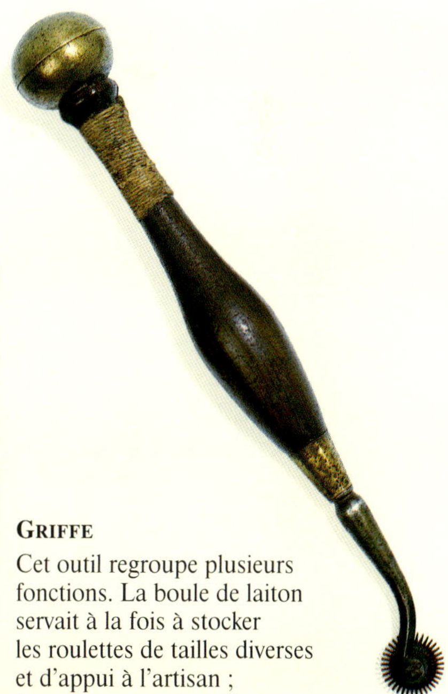

Griffe
Cet outil regroupe plusieurs fonctions. La boule de laiton servait à la fois à stocker les roulettes de tailles diverses et d'appui à l'artisan ; la molette crantée, à l'autre extrémité, marquait le cuir là où devaient être effectuées par la suite les coutures définitives.

LE TRAVAIL DU CUIR ET LES OUTILS DU BOURRELIER

Le bourrelier commençait par découper et travailler les peaux de bovin tannées. Il utilisait à cet effet tout un arsenal d'outils de coupe, notamment un couteau mécanique pour découper les bandes de cuir, un couteau à parer pour les amincir ou encore un compas pour découper les rondelles de cuir.
Venait ensuite le travail de couture, le plus délicat en bourrellerie. Le bourrelier traçait la ligne de couture à l'aide d'une griffe à molette, puis perçait les avant-trous avec une alêne pour faciliter le passage des aiguilles. Avant d'entamer la couture proprement dite, il poissait son fil de lin ou de chanvre pour qu'il glisse mieux. Les pièces à coudre étaient tenues dans une grande pince en bois que le bourrelier, assis, serrait entre ses jambes et qui lui permettait de travailler les mains libres.
Le bourrelier employait également l'abat-carre pour assouplir les angles du cuir, le bourroir pour pousser le crin dans les pièces rembourrées, le pilon pour tasser la bourre de la selle, la pince à tendre pour étirer le cuir sur les bords et des marteaux, plein de marteaux...

Les métiers ambulants

Vanniers, colporteurs, peaux de lapin… autant d'itinérants dont les campagnes ne pouvaient guère se passer : offrant des marchandises ou se livrant à des réparations sur place, ils évitaient aux habitants de longs et coûteux déplacements vers la ville. Au vannier, on donnait ses paniers et ses cribles à réparer ; au bouilleur de cru, son raisin ou ses pêches que son alambic magique transformait en eau-de-vie ; au raccommodeur de porcelaine, on apportait ses pots et ses assiettes ébréchés. Le vitrier proposait de remplacer les carreaux cassés ; le rémouleur, d'affûter couteaux et ciseaux. Régulièrement, les villageois voyaient passer le colporteur, ce personnage pittoresque chargé d'une énorme hotte en bois recelant des trésors. Toujours bien accueilli, il déballait sa marchandise devant les yeux éblouis des femmes et des enfants, offrant jouets, almanachs, chansons imprimées et autres objets impossibles à trouver au village. L'automne venu, c'était les ramoneurs que l'on attendait, les « hirondelles de la Toussaint », qui s'annonçaient en criant à tue-tête : « Ramoneurs, ramoneurs ! Ne laissez pas salir vos cheminées, vous vous en repentirez demain ! Faites appel au ramoneur ! » Tout ce petit monde apportait une belle animation au village…

Le vannier
Selon les régions où il s'installait, le vannier confectionnait des paniers courants, des hottes pour les vendangeurs, ou encore des articles de pêche.

« Peaux de lapin... peaux ! »

Le « **peaux de lapin** » était arrivé au village. C'était une bonne nouvelle : on allait enfin tirer quelques sous des peaux de lapin dont on n'avait que faire. Car après avoir tué les pauvres bêtes, il n'était pas question de se débarrasser de leur fourrure : on les faisait sécher et on les vendait par centaines au marchand de peaux de lapin. Une fois sa tournée terminée, il repartait dans son atelier pour nettoyer et traiter les peaux qu'il revendrait plus tard aux tanneurs. Il arrivait aussi qu'il vienne récupérer les chiffons, les vieux meubles, les os, la ferraille et divers brimborions, bref, tout ce qui encombrait les maisons mais que l'on avait pris soin de conserver. Il troquait ces marchandises contre un peu de vaisselle ou les payait au poids puis s'en retournait, son butin entassé dans une brouette ou dans une vieille carriole brinquebalante. Cette fois, ce n'est pas au tanneur qu'il rendrait visite, mais au chiffonnier et au ferrailleur.

L'alambic et le bouilleur de cru

C'était au début de l'automne, après la récolte des fruits, que le distillateur ambulant commençait sa tournée des villages.

Les ramoneurs savoyards

La tête et les genoux protégés, ces petits ramoneurs savoyards sont prêts à escalader les cheminées.

Le marchand de cuillers en bois

Figure insolite de la vie des villages bretons, le marchand de cuillers en bois ambulant proposait des outils précieux, recherchés, entre autres, pour la confection de la pâte à crêpes.

Le lavoir et les lavandières

Aujourd'hui désertés, les lavoirs étaient jadis des points de rencontre, des lieux de convivialité et de complicité féminine, où se retrouvaient plusieurs fois par semaine les laveuses professionnelles engagées par les familles aisées. Souvent construits près d'une source, les lavoirs se composaient d'un bassin en deux parties muni de vannes, l'une destinée à l'entrée de l'eau, l'autre, à sa sortie. Entourés d'une aire pavée, ils étaient abrités par un toit qui protégeait les lavandières de la pluie et du soleil. Arrivées de bon matin chez leur patronne, les laveuses empilaient le linge sur une brouette, réunissaient battoirs, brosses de chiendent, savons et planches à laver, entassaient tout cela dans une hotte et se mettaient en route pour le lavoir. Le labeur allait durer toute la journée, alors elles n'avaient pas oublié leur panier à provisions ni l'eau-de-vie, car les lavandières, disait-on, avaient le gosier en pente… Autour du bassin, le linge déchargé et les instruments sortis, elles s'agenouillaient dans une petite caisse de bois garnie d'un coussinet et commençaient à savonner, frotter, battre le linge. À mesure qu'il était lavé, elles le laissaient s'égoutter sur des tréteaux ou simplement sur des buissons. Le soir venu, brouettes et hottes seraient chargées comme à l'aller et les effets propres rapportés au client.

Laveuse
L'image de la lavandière savonnant et battant le linge au lavoir communal disparut peu à peu à partir des années 1950.

Lavoir dans l'Oise
Mais que viennent faire ces hommes dans ce lieu exclusivement réservé aux femmes ?

Lavoir dans les Côtes-du-Nord
Chacune en place à côté de sa brouette, les laveuses frottent énergiquement le linge, agenouillées dans leur petite caisse de bois.

Lavandières en Normandie
On égoutte le linge où l'on peut… À défaut de tréteaux, les buissons font l'affaire.

LES DEUX BATTOIRS DE LA LAVANDIÈRE

Il était coutume de dire que les laveuses possédaient deux battoirs : avec le premier, sorte de planche en bois munie d'un manche court, elles tapaient énergiquement le linge pour faire pénétrer le savon.
Avec le second, la langue, elles déblatéraient les unes contre les autres… Ces joutes oratoires dégénéraient d'ailleurs souvent en bagarres, si bien que les autorités locales devaient intervenir : « Le maire de Signes rappelle aux usagères du lavoir que la paix doit toujours régner parmi elles. Elles ont le droit de dire tout ce qu'elles pensent du Gouvernement, du Conseil Général, du maire de Signes, des Administrations publiques… Mais surtout, elles ne doivent jamais se disputer avec leurs voisines et surtout les coups de langues ne doivent jamais dégénérer en coups de battoirs. » (Arrêté municipal de Signes adopté en 1934, cité dans *La France des lavoirs,* de Christophe Lefébure.)
Mais ce second battoir faisait aussi du lavoir un haut lieu de la vie communautaire et aidait souvent à la transmission d'informations sur la vie du village.

Le médecin de campagne

Qu'elle était rude, la tâche du médecin de campagne ! On le voyait circuler à cheval par tous les temps, à toute heure du jour et de la nuit, même le dimanche après la messe. Sa clientèle s'étalant sur six ou sept communes, il passait souvent plus de temps sur les routes qu'à soigner ses malades. En chemin, il dispensait ses conseils aux charretiers et colporteurs qui le sollicitaient et s'informait auprès des curés et des maires des cas éventuels qu'il lui faudrait aller traiter. Les consultations à heure fixe au cabinet étaient rares à la campagne : les provinciaux rechignant à se plier à cette discipline, le médecin s'attendait à les voir arriver avant ou après leur travail, tôt le matin ou très tard le soir. Autant dire qu'il n'avait pas une minute à lui… Dans sa trousse : des remèdes, un stéthoscope, des daviers, des pinces, des aiguilles et du fil, un bistouri, des forceps. Car le médecin de campagne pratiquait aussi la petite chirurgie, accouchait les femmes en cas de complications, arrachait les dents. Les consultations coûtant cher, on ne l'appelait souvent qu'en dernier recours. Le praticien n'ignorait d'ailleurs rien des difficultés financières de ses patients et acceptait volontiers pour paiement les poules et les lapins qu'on lui proposait.

Rebouteux au travail en Bretagne
Aidé de quelques comparses, le rebouteux remet en place l'épaule démise de son patient, avec des méthodes qui pouvaient parfois s'avérer violentes !

LES CONCURRENTS DU MÉDECIN

Les médecins de campagne n'étaient guère récompensés de leur dévouement. On leur reprochait de ne pas guérir tous leurs malades et de prescrire des drogues inefficaces. Hérésie suprême, ils préconisaient la diète pour faire tomber la fièvre ! Alors, pour les troubles bénins, on préférait recourir aux remèdes de bonne femme qui, s'ils ne faisaient pas toujours effet, avaient au moins cet avantage de ne rien coûter : on employait la rhubarbe comme purgatif, la graine de potiron contre les vers intestinaux, la queue de cerise comme diurétique, la centaurée contre les coliques, etc. Et si le mal persistait, c'est tout naturellement que l'on se tournait vers une voisine ou une autre âme charitable reconnue pour ses dons de guérisseuse.
Les rebouteux, qui pratiquaient illégalement la médecine, avaient bien meilleure presse auprès des paysans que les médecins officiels. Prétendant détenir des secrets de famille transmis de génération en génération, ils intervenaient notamment pour traiter les entorses, les fractures ou les contusions externes. Les services du rebouteux étaient payants, mais, pour lui, on ouvrait volontiers son porte-monnaie.

Médecin de campagne

La campagne a aussi ses dangers, dont font partie les serpents. Par chance pour cet enfant, le docteur dispose du sérum qui le tirera d'affaire.

Le curé de campagne

Les journées du curé de campagne étaient bien remplies. Elles débutaient par la messe du matin, qu'il célébrait à 7 heures, été comme hiver, avec une ponctualité exemplaire, et se poursuivaient par la visite de malades auxquels il devait donner l'eucharistie. Le curé devait également préparer les sermons et les messes du dimanche et, au confessionnal, écouter les secrets des uns et des autres, secrets qu'il ne dévoilerait jamais. Personnalité importante de la vie sociale villageoise, il était le garant de l'éducation religieuse des enfants, auxquels il donnait des cours de catéchisme hebdomadaires. Comme tout un chacun, il possédait un petit lopin de terre et il lui fallait garder un peu de temps pour l'entretenir. S'il n'avait pas de gouvernante, il préparait lui-même ses repas, des repas frugaux bien souvent car il n'était pas riche. Ses ouailles, heureusement, lui apportaient régulièrement quelques victuailles et, lors des mariages et des baptêmes, il pouvait compter sur leur générosité pour obtenir un peu plus de fromage ou de volaille que d'ordinaire. Au village, on respectait le curé pour son savoir et parce qu'il représentait l'ordre établi. Les préceptes de l'Église, appris dès l'enfance au catéchisme, guidaient la vie morale des paysans, et personne n'aurait eu l'idée de les remettre en question.

M. l'abbé sur son «Auto-fauteuil», Vosges
Les éboulis de rochers n'effraient pas l'ecclésiaste, qui va rendre visite comme à l'accoutumée à ses paroissiens en détresse.

LA PETITE VIE DE M. LE CURÉ

« **Apporter de la paille fraîche** aux bœufs, étriller l'âne », ces paroles me sont revenues ce matin à l'esprit tandis que je pelais mes pommes de terre pour la soupe. L'adjoint est arrivé derrière mon dos et je me suis levé brusquement de ma chaise sans avoir eu le temps de secouer les épluchures ; je me sentais ridicule. Il m'apportait d'ailleurs une bonne nouvelle : la municipalité accepte de faire creuser mon puits, ce qui m'économisera les vingt sous par semaine que je donne au petit enfant de chœur qui va me chercher l'eau à la fontaine. Mais j'aurais voulu lui dire un mot de son cabaret, car il se propose maintenant de donner un bal chaque jeudi et chaque dimanche – il intitule celui du jeudi « le bal des familles » et il y attire jusqu'à des petites filles de la fabrique que les garçons s'amusent à faire boire.
« Je n'ai pas osé. [...] Il serait d'ailleurs plus convenable d'aller le trouver à son domicile. J'ai le prétexte d'une visite, son épouse étant gravement malade et ne quittant pas la chambre depuis des semaines. Elle ne passe pas pour une mauvaise personne et même était jadis, me dit-on, assez exacte aux offices. » Georges Bernanos, *Journal d'un curé de campagne.*

Devant son église

En raison de leur savoir et de leur fonction, les prêtres étaient respectés de tous les villageois. Celui-ci est coiffé de la traditionnelle « barrette ».

M. le curé sonnant les cloches

M. le curé appelle-t-il les paroissiens pour la messe ou les vêpres ? Prévient-il d'un mariage, d'un baptême ou d'une fête religieuse ? Difficile de répondre, tant les cloches étaient présentes dans la vie des villages…

Les petits colons, Seine-Maritime

Pour certains enfants, l'instruction religieuse se poursuit pendant les vacances. Sagement assis, les enfants attendent que le photographe ait pris son cliché avant de reprendre leur cours de catéchisme.

LES ANIMAUX

Fermiers trayant les vaches à l'étable.
Page précédente : après de longues et âpres discussions, marchand et client sont parvenus à s'entendre sur le prix du veau.
Lieux de contacts et d'échanges, les foires aux bestiaux rythmaient autrefois la vie paysanne.

Les animaux

« En la fête de Saint Roch, les animaux vont chaque année à une assemblée tenue sur la place de l'église, où ne figurent pas des étrangers ni surtout les maudits bouchers, où le bétail ne fait l'objet d'aucune transaction. Chaque grange amène plusieurs couples. Les bêtes sont couvertes de branches de maïs fleuries. [...] *La bénédiction de la Saint-Roch met les bêtes à l'abri de la contagion. »*
Eugène Le Roy décrit ici une coutume qui perdura en France jusque dans l'entre-deux-guerres : lors de la fête de la Saint-Roch, qui se tenait tous les ans le 16 août, le curé était appelé à bénir les bœufs, les cochons et les chevaux des fermiers soucieux de protéger leur précieux cheptel. Au terme de la bénédiction, les gerbes étaient portées dans les étables pour préserver le bétail de la maladie.

S'il peut sembler naïf, ce geste traduit l'importance que les fermiers attachaient à leur bétail. Les animaux, en effet, leur servaient à tout. Dans les petites fermes, les plus nombreuses, où l'on vivait en semi-autarcie, on avait souvent, outre un porc et une basse-cour, seulement une ou deux vaches, une ou deux chèvres, deux chevaux tout au plus : si peu nombreuses qu'elles fussent, ces bêtes donnaient aux paysans tous les moyens de leur subsistance, et leur perte était une catastrophe. Comment, en effet, se passer du lait de la vache ? De la viande de porc, qui constituait l'alimentation presque journalière de la famille ? Comment se passer des chevaux ou des bœufs qui tiraient la charrue, que l'on attelait pour transporter les récoltes ? Les bêtes servirent même à se réchauffer, et l'on dormit longtemps à proximité de l'étable ou de la bergerie pour trouver la chaleur que ne suffisait pas à dispenser le feu de cheminée. Aussi les animaux étaient-ils l'objet d'une attention permanente et personne n'aurait eu l'idée de ne pas suivre les prudents conseils, transmis depuis des générations, visant à les guérir ou à les protéger : on pensait que les cendres du bûcher de la Saint-Jean guérissaient la gourme des brebis ; contre le catarrhe des vaches, on faisait des cataplasmes de nids de fourmis. Dans la crainte de faire mourir le cochon, on ne faisait jamais fonctionner le four le jeudi. Dans le Nord, en cas de décès dans la famille, on allait immédiatement à l'écurie transmettre la nouvelle aux chevaux et aux juments.

Sans quoi, les premiers auraient été en danger de mort pendant un an, et les juments pleines auraient certainement avorté.

On y disait aussi que le porc qui était sur le point de se faire abattre retenait son sang si l'un des assistants s'écriait : « Pauvre bête ! » Dans le Morvan, la saillie de la chèvre achevée, la paysanne lui donnait un coup de bâton sur l'échine, assurant par cette pratique une bonne fécondation de l'animal. Les animaux domestiques, dans toutes les régions de France, avaient, comme les hommes, leurs jours fériés : il n'était pas question qu'ils travaillent ce jour-là, sans quoi leur décès aurait été inévitable. Si les bêtes étaient indispensables à sa survie, le paysan était loin de les considérer uniquement sous un angle pratique, et certaines d'entre elles, les chiens et les animaux de trait, étaient particulièrement choyées : le cheval en sueur était bouchonné ; lorsqu'il était à la charrue, on prenait soin de lui ménager quelques moments de repos ; on le récompensait lorsqu'il avait bien travaillé. Animaux familiers, on les dotait aussi de noms. Qui n'a pas entendu parler d'une vache appelée la Noiraude, la Fleurette, la Duchesse, la Marquise ou encore la Gamine ? Nul doute qu'il existait une forte interdépendance entre les hommes et leurs bêtes. Quelle vie humaine plus unie à celle des animaux que celle du pasteur restant seul avec son troupeau et ses chiens quatre mois durant sur les hauts pâturages ?

Ces animaux sont devenus des symboles, et les artistes, les écrivains furent nombreux à leur rendre hommage. Voici Leconte de Lisle qui rend compte de la noblesse du bœuf à l'herbage :

« Non loin quelques bœufs blancs, couchés parmi [les herbes
Bavent avec lenteur sur leurs fanons épais
Et suivent de leurs yeux languissants et superbes
Le songe intérieur qu'ils n'achèvent jamais. »

Buffon exalte l'endurance et la souplesse du cheval,

Le groin plongé dans l'auge, truie et porcelets dégustent leur pitance.

De retour des prés, les vaches vont se désaltérer à l'abreuvoir avant de regagner l'étable où elles seront traites.

dans lequel il voit la plus noble conquête de l'homme : « Docile autant que courageux, il ne se laisse point emporter à son feu, il sait réprimer ses mouvements : non seulement il fléchit sous la main de celui qui le guide, mais il semble consulter ses désirs, et obéissant toujours aux impressions qu'il en reçoit, il se précipite, se modère ou s'arrête, et n'agit que pour y satisfaire : c'est une créature qui renonce à son être pour n'exister que par la volonté d'un autre ; qui, par la promptitude et par la précision de ses mouvements, l'exprime et l'exécute, qui sent autant qu'on le désire et ne rend qu'autant qu'on veut ; qui, se livrant sans réserve, ne se refuse à rien, sert de toutes ses forces, s'excède et même meurt pour mieux obéir. »

Aujourd'hui, on ne voit plus comme autrefois les chevaux attelés à la charrue dans les champs. Comme les ânes et les mulets, si précieux jadis pour le transport des récoltes ou des marchandises, ils restent désormais à l'écurie et ne sont plus guère que de charmants animaux de compagnie. Toutefois, encore de nos jours, certains cultivateurs les emploient pour des travaux de maraîchage, et les forestiers, pour le transport des grumes : ils ont l'avantage de pouvoir travailler en terrain accidenté et de passer dans des chemins étroits inaccessibles au tracteur. Mais plus généralement, c'est tout l'élevage qui s'est transformé depuis les années 1950. Le polyélevage, qui était la règle dans les petites fermes, a peu à peu disparu. Les éleveurs sont moins nombreux, plus spécialisés, leur cheptel s'est considérablement agrandi ; ils participent à une économie mondiale, alors qu'elle n'était que nationale, voire régionale, autrefois. Et chacun sait que la vie des animaux aussi a été bouleversée : les poules et les porcs, que l'on voyait jadis aller librement dans les cours des fermes, vivent désormais dans un univers clos et concentrationnaire, sont nourris d'aliments falsifiés, et de tout cela, la qualité des produits a largement pâti… Ce qui n'empêche pas certains éleveurs zélés de s'efforcer d'améliorer la qualité de leur production, que cautionnent des labels, des chartes, etc. Parallèlement, l'essor des fermes pédagogiques et des écomusées témoignent du regain d'intérêt que les particuliers portent aux animaux de la ferme, qui peuplaient autrefois toutes nos campagnes.

À l'instar de l'oie, la pintade peut être une excellente gardienne, qui reste toujours fidèle à celui qui l'a élevée.

Le cochon

Le porc ayant constitué pendant longtemps la nourriture ordinaire des paysans, toutes les exploitations, même les plus petites, possédaient un ou deux cochons. On achetait rarement l'animal « bon à tuer ». On se procurait des cochonnets à la foire aux bestiaux, que l'on gavait pendant plusieurs mois jusqu'au jour de l'abattage : vorace, mais peu regardant sur la qualité de sa pâtée, le goret se nourrissait volontiers de son, d'orge, de pommes de terre et d'épluchures de toutes sortes mêlées à du petit-lait. Toujours un peu crasseux, aimant se vautrer dans la boue, le groin tout barbouillé d'ordures… qu'importe ! À la ferme, on tolérait les mauvaises manières du cochon : on savait qu'il rendrait au centuple la nourriture qu'on lui avait donnée, car « dans le cochon, tout est bon » ! Des pieds au museau, en passant par les abats et la couenne, rien n'était perdu. Assaisonné d'oignon, le sang était utilisé pour faire le boudin ; la chair se transformait en viande fraîche, séchée ou salée ; le foie faisait les pâtés ; les boyaux servaient d'enveloppe au boudin et aux saucisses ; le museau devenait hure. On tirait même parti de la vessie, employée pour confectionner les blagues à tabac.

Porcelet
Les truies mettent bas dix porcelets par portée en moyenne. Les petits sont en général sevrés entre quatre et huit semaines.

Porc Blanc de l'Ouest
D'origine celtique, cette race est bien implantée en Bretagne et s'accommode de la vie en plein air. On reconnaît le Blanc de l'Ouest à sa grande taille, à sa robe blanche et à ses oreilles qui lui tombent devant les yeux.

Porc gascon

Ce porc rustique à la robe noire vient du Piémont pyrénéen et s'élève dans le Midi-Pyrénées, dans les Cévennes et en Aquitaine. Il est apprécié pour son lard ferme et sa viande peu grasse.

Porc cul noir du Limousin

Originaire de l'ouest du Massif central, cette race rustique est connue dès le XVIe siècle. On l'apprécie pour sa chair et son gras.

L'alimentation des cochons

Traditionnellement, on nourrissait les cochons de betteraves, de pommes de terre, d'épluchures et de petit-lait ; aujourd'hui, on leur donne plus volontiers des granulés de céréales, de maïs notamment.

LA TUE-COCHON

On tuait généralement deux cochons par an, aux environs de Pâques et de la Toussaint. On les abattait soi-même ou bien l'on faisait appel au « tueur de cochon » ou « cochonnier », généralement un charcutier ambulant, qui agissait selon un rituel bien rodé. La tue-cochon était une véritable fête, car elle procurerait de quoi se nourrir pendant plusieurs mois. Sorti de sa soue, le cochon était tout d'abord assommé, avant d'être égorgé. Le sang qui giclait était immédiatement recueilli et salé. Le porc était ensuite mis à griller sur un feu de paille dans la cour puis suspendu à une échelle : on fendait alors la bête de haut en bas et l'on s'attelait au dépeçage... Le soir même, on faisait « l'âme du cochon », un repas préparé exclusivement à partir des restes des différentes préparations. On commençait par la tête et les oreilles grillées, puis on passait aux pâtés de foie. Venaient ensuite boudin, et saucisses, jambon et côtes. Et, entre chaque plat, on avalait un peu d'eau-de-vie pour faire passer tout cela !

Le cheval, l'âne et le mulet

Docile, puissant et infatigable, le cheval de trait était le compagnon de travail indispensable de l'agriculteur. Son utilisation pour les travaux des champs ne remonte qu'au milieu du XIXe siècle. Jusque-là, on employa plus volontiers les bœufs pour les labours et les récoltes. Le cheval de trait avait pourtant un grand avantage sur le bovin : il était prompt à la tâche, alors que rien ne semblait pouvoir perturber la lenteur naturelle du bœuf… Bien précieux du paysan, le cheval était bichonné, soigné, on lui parlait et on le récompensait de carottes et d'avoine lorsqu'il avait fourni des efforts importants. Et comment oublier le petit âne et le mulet, les « chevaux du pauvre », certes moins majestueux que le noble cheval, mais tout aussi besogneux et dotés d'une admirable résistance ? On les voyait jadis parcourant les campagnes, chargés de ballots en tout genre, transportant du bois ou des sacs de grains, ou encore attelés à la charrue, à la charrette, et réquisitionnés alors pour les labours, le travail de la vigne ou le transport des récoltes. En raison de leur petitesse et de leur agilité, l'âne et le mulet étaient préférés au cheval dans les régions escarpées du Midi.

Trait du Nord
Court, musclé et puissant, ce cheval se rencontre, comme son nom l'indique, dans le nord de la France. On l'utilisait autrefois pour les travaux des champs, le maraîchage et le débardage de bois.

Âne de Provence
Identifiable à sa robe gris tourterelle, cet âne fut utilisé pendant près de cinq siècles pour le portage des récoltes et celui du matériel des bergers lors de l'estive, entre la Basse-Provence et les alpages.

Âne du Poitou
Ce baudet s'élève dans le Poitou et en Vendée et doit sa renommée à sa robe velue, de couleur baie ou noire. On l'apprécie aujourd'hui pour ses capacités de reproducteur.

TRAIT BRETON

La Bretagne est sa terre natale, mais ce cheval s'élève dans toute la France. Comme pour les autres races, la généralisation du tracteur, après la Seconde Guerre mondiale, l'amena à disparaître peu à peu. Aujourd'hui, il suscite un nouvel engouement auprès des particuliers qui l'attellent pour leur plaisir ou lors de compétitions.

PERCHERON

Robuste et élégant, ce cheval, originaire de Normandie, était employé dans les travaux des champs et de messagerie. On l'utilise aujourd'hui pour le débardage et l'attelage sportif.

LES RACES DE CHEVAUX DE TRAIT

Couleurs de robe, tailles, proportions : les chevaux de trait offrent maintes variations selon les races. La hauteur au garrot varie entre 150 et 175 cm, et le poids peut aller de 650 à 1100 kg. Le cheval de trait le plus célèbre est certainement le Percheron, originaire de Normandie, à la robe grise ou noire. En Alsace et en Lorraine, on élève l'Ardennais : c'est la race la plus ancienne ; son pelage est rouan, alezan ou gris. Dans la Somme et le Pas-de-Calais, on rencontre le Boulonnais, à la robe souvent grise pommelée. Le Cob Normand est l'un des chevaux de trait les plus légers. Parmi les autres races se trouvent l'Auxois, le cheval d'Auvergne, le Comtois, le Mulassier du Poitou, le Trait du Nord et le Breton.

MULE POITEVINE

Elle provient du croisement entre le cheval poitevin et l'âne du Poitou. Grande et fortement charpentée, la mule poitevine fut employée comme animal de bât et d'attelage.

La vache, le bœuf et le taureau

Laitière ou bouchère, la vache se rencontrait jadis dans quasiment toutes les fermes. On élevait alors les vaches de races locales. Parmi les laitières : la Bretonne Pie Noire, la célèbre Normande, la Brune de Bourgogne, la Montbéliarde de Franche-Comté, la Tarentaise de Savoie, dont le lait faisait la tomme et le beaufort, et tant d'autres encore ! La diversité des races de vaches allaitantes est tout aussi importante : voici la Limousine à la robe rousse, la Charolaise, la Parthenaise de couleur fauve, la Blonde d'Aquitaine, l'Aubrac, la Bazadaise, la Gasconne…
La vache donne naissance à un veau par an. Seuls les êtres d'exception deviendront taureaux : les autres seront emmenés à l'abattoir ou deviendront bœufs, mangés à leur tour ou destinés au joug. Les bœufs de trait étaient attelés par paires et chaque paire comportait un seul joug, pièce de bois placée sur le cou des bêtes et dotée de deux courroies enserrant leur front.

Blonde d'Aquitaine
Elle figure parmi les plus grandes races bouchères françaises. Bien qu'elle soit née dans le sud-ouest, on la retrouve aujourd'hui dans toutes les régions de France.

Salers
Native du Massif central, la Salers fut, à l'origine, élevée comme vache laitière et utilisée comme animal de trait. Si, aujourd'hui, on l'apprécie davantage pour sa viande, son lait sert toujours à fabriquer le fromage de Salers, le cantal, le saint-nectaire et le bleu d'Auvergne.

MÉDAILLONS DE VEAU AUX CHAMPIGNONS

Pour 6 personnes : 1 filet de veau d'environ 900 g, 80 g de beurre, 200 g de champignons de Paris, 1 échalote hachée, 5 cl de cognac, 5 cl de vin blanc, 20 cl de fond brun, estragon, cerfeuil, sel, poivre.
Cuisson : 12 à 15 minutes.
Coupez le filet de veau en 12 médaillons. Assaisonnez-les et faites-les sauter au beurre. Réservez-les au chaud. Remettez le récipient sur le feu, ajoutez les champignons et l'échalote, flambez au cognac et versez le vin blanc. Laissez réduire. Ajoutez le fond brun et laissez cuire quelques instants. Hors du feu, ajoutez les herbes et remuez. Nappez les médaillons et servez aussitôt.

Prim'holstein

Originaire de Hollande, la Holstein fit son entrée en France au XVIIIe siècle, où ses aptitudes laitières lui valurent rapidement une grande renommée. Baptisée Prim'Holstein en 1990 à la suite de son croisement avec les Holstein américaines, elle domine aujourd'hui le troupeau laitier français.

Jersiaise

Née dans l'île anglo-normande de Jersey, cette vache de petite taille s'élève surtout dans l'ouest de la France. Son lait donne un beurre exceptionnel. Sa robe de couleur fauve est pie ou uniforme.

Taureau charolais

La terre d'origine des Charolais est la vallée de l'Arconce, au nord de Lyon. Animaux de trait autrefois, ils furent progressivement élevés pour la boucherie.

Bretonne Pie Noire

Avec sa petite tête noire et sa tache blanche au front, cette vache fine et gracieuse est l'une des plus attrayantes du cheptel bovin français. Réputée pour son lait d'excellente qualité fromagère, la Pie Noire se rencontre en Bretagne, d'où elle est originaire.

Le mouton et la chèvre

Qu'ils sont attachants, les moutons, avec leur énorme toison blanche… Adaptables, ils s'élèvent aussi bien en bergerie qu'en semi-liberté, en plaine ou en montagne. En altitude, il était d'usage, l'été, de conduire le troupeau sur les hauts plateaux d'estive pour la transhumance. Le berger pouvait compter sur ses chiens pour veiller sur les bêtes, resserrer le groupe lorsqu'il se dispersait ou partir en quête des brebis égarées. Autrefois, on élevait autant les moutons pour leur laine que pour leur viande, et des brebis, on tirait un lait précieux dont on faisait de délicieux fromages.
Et voici la biquette, agile et remuante, crapahutant sur les collines les plus escarpées… Élevées pour leur lait, les chèvres mettent bas une fois par an, entre juillet et décembre, et donnent alors naissance à un ou deux chevreaux. Jadis, on récupérait la dépouille des chèvres abattues : les poils étaient donnés au teinturier qui en faisait du « rouge de bourre » ou bien servaient à la confection des chapeaux. Les poils filés entraient dans la fabrication des étoffes ; avec la graisse de bouc ou de chèvre, on faisait des chandelles, et avec la peau, des objets de cuir.

Chèvre Saanen
Avec la chèvre poitevine et la chèvre alpine, la chèvre Saanen compte parmi les races caprines les mieux représentées en France, notamment en Poitou-Charentes et dans les Pays de la Loire. Originaire de la vallée de Saanen, en Suisse, elle s'imposa en France grâce à ses qualités laitières.

Bélier mérinos de Rambouillet
Cette race rustique, qui s'adapte à tous les climats et à tous les régimes, présente de grandes qualités lainières. Depuis que le commerce de la laine a chuté, son effectif en France a considérablement diminué.

Berrichon du Cher
Apprécié pour sa viande, ce mouton originaire du Berry se rencontre aujourd'hui dans le Centre, le Limousin, en Aquitaine et dans le Midi-Pyrénées. Sa grande faculté d'adaptation permet de l'élever en bergerie, en plein air ou en semi-plein air.

Mouton des Causses du Lot
Ce mouton, qui s'élève principalement dans le Lot, est le seul capable de tirer profit de la maigre végétation de la région. La race des Causses du Lot produit un agneau de grande qualité.

Agneau de trois jours
Les brebis ont une portée par an et un agneau par portée. La gestation dure en moyenne 145 jours et les agneaux sont sevrés à l'âge de six semaines.

Chèvre alpine
Originaire de Savoie, la chèvre alpine est aujourd'hui la plus répandue en France.
Elle s'adapte aussi bien à la stabulation qu'aux pâturages ou à la vie en montagne.

CARRÉ D'AGNEAU PERSILLADE

Pour 4 personnes : 1 carré d'agneau, beurre, 2 gousses d'ail émincées, 6 cuillerées à café de persil haché, 150 g de chapelure, sel, poivre, moutarde.
Cuisson : 15 à 20 minutes au four pour 7 ou 8 côtes.
Faites dorer le carré à la poêle dans du beurre. Mettez au four, thermostat 8. À mi-cuisson, salez, poivrez et retournez. Pendant ce temps, mélangez l'ail, le persil, la chapelure, du sel, du poivre et de la moutarde. Cinq minutes avant la fin de la cuisson, étalez cette préparation sur le côté gras de la viande. Parsemez de noisettes de beurre. Ce carré sera exquis servi avec des tomates et des haricots verts.

La volaille et le lapin

Dans les cours des fermes, on voyait les poules picorer leurs graines de concert ; fier et autoritaire, un coq paradait, veillant sur ces dames et les rappelant à l'ordre lorsqu'elles s'éloignaient ; oies et canards barbotaient dans une mare à proximité ; les pigeons se perchaient sur les toits des bâtiments… Tout ce petit monde vivait en semi-liberté. Il n'y avait guère que le lapin, paisible et discret, qui était acculé à grignoter sa verdure enfermé dans son clapier… L'entretien de la basse-cour revenait à la fermière : il lui fallait nourrir les bêtes, distribuer les graines à heures fixes, au son d'un « tip, tip, tip » bien reconnaissable des poules ; elle recueillait les œufs, repérait les nids des oies qui avaient une fâcheuse tendance à se cacher, veillait à ce qu'aucun nuisible ne s'approche des volailles ; c'est elle aussi qui gavait les canards et les oies et qui, le soir, faisait rentrer la basse-cour au bercail. Un travail sans relâche mais bien rentable : on ferait des pâtés et des fricassées avec les lapins et la volaille ; des oies, on dégusterait les œufs volumineux, la chair et le foie ; et l'on vendrait sur le marché des œufs, des lapins et quelques pintades.

Poule New Hampshire
La poule New Hampshire fait partie des races mi-lourdes (de 2,2 à 2,6 kg). Elle pond des œufs bruns et est particulièrement appréciée pour sa robustesse.

Oie normande
Cette oie blanche de petite taille est une bonne oie fermière, qu'on élève pour sa chair. Sa ponte est d'environ vingt œufs par an.

Géant des Flandres
C'est la plus grande de toutes les races de lapins. Alors que les autres lapins mesurent environ 60 cm pour un poids de 5 kg, le Géant des Flandres peut atteindre 80 cm et peser 8 kg. C'est le lapin fermier par excellence.

Géant papillon

Il doit son nom à sa fourrure tachetée qui rappelle les papillons aux ailes déployées. Le Géant papillon s'élève partout en France, mais il est surtout répandu en Alsace. Sa renommée vient de sa prolificité et de sa chair exquise.

Flèche bleu andalou

Cette race rustique, connue dès le XVe siècle, est originaire de la ville de La Flèche, dans la Sarthe. C'est une volaille de grande taille, réputée pour ses beaux œufs et l'excellence de sa chair.

Canard de Rouen clair

Originaire de Normandie, issu du croisement entre les Colverts et les canards communs de Normandie, le Canard de Rouen clair est le plus ancien des canards domestiques.
On l'apprécie pour sa chair fine et excellente.

Géant blanc du Bouscat

Issu du croisement entre l'Argenté de Champagne, le Géant des Flandres et l'Angora, la race Géant blanc du Bouscat a été mise au point au début du XXe siècle, en Gironde. Le mélange de ces trois races a donné un lapin à la chair excellente.

TERRINE DE LAPIN

Pour 8 personnes : 1 lapin de 1, 5 kg, 6 cl de cognac, 10 cl de vin blanc, 140 g de lard, 1 échalote et 1 oignon émincés, 500 g de farce relevée, 50 cl de gelée, sel, poivre, thym, laurier, persil.
Cuisson : 1 heure 15 au four.
Désossez, dénervez et découpez le lapin en gros dés.
Laissez macérer 6 heures dans le cognac et le vin blanc avec la moitié du lard coupé, les herbes, du sel, du poivre, l'échalote et l'oignon. Ajoutez la farce et mélangez. Chemisez la terrine avec le reste du lard. Garnissez avec la préparation. Fermez la terrine et enfournez, thermostat 7 ou 8. Laissez refroidir et remplissez de gelée.

Le chien et le chat

Fidèle ami de l'homme, dévoué et protecteur, le chien se rencontrait dans toutes les fermes. Il savait reconnaître le pas des habitués, prévenait de l'arrivée des étrangers, et l'on comptait sur ses aboiements pour écarter les importuns. Dans les fermes isolées, un mâtin ou un chien-loup attaché à une chaîne montait la garde devant le portail ou l'entrée de la ferme. Les bergers, pendant la transhumance, s'entouraient de chiens dressés, selon les races, pour la conduite du troupeau ou pour sa protection : robustes et véhéments, le Berger des Tatras et le Montagne des Pyrénées n'hésitaient pas à s'attaquer aux loups et aux ours, tandis que le Collie et le Berger de Brie, notamment, étaient élevés pour surveiller et faire avancer le troupeau. Câlin à ses heures, joueur et malicieux, le chat avait aussi son utilité à la ferme. Grand chasseur, il s'attaquait à toutes les bestioles qui s'invitaient dans la cour ou dans les bâtiments. Le voici guettant patiemment un mulot, une souris ou un rat, bondissant sur un serpent, coursant une mouche, donnant un coup de patte à une guêpe… Par ce nettoyage, la petite boule de poils protégeait aussi bien la volaille que les récoltes stockées dans les greniers.

Berger des Tatras

Originaire des Carpates, ce chien courageux n'hésitait pas à braver les ours et les loups qui s'approchaient des troupeaux. C'est aussi un excellent gardien.

Border Collie

Venu d'Écosse, ce chien calme et très docile est considéré par les bergers comme le meilleur chien pour conduire et rassembler les troupeaux.

INSTINCT DE BERGER : LE RETOUR DE L'ESTIVE

« **C'est au milieu de tout ce train** que le troupeau gagne son gîte. Rien de charmant comme cette installation. Les vieux béliers s'attendrissent en regardant leur crèche. Les agneaux, les tout petits, ceux qui sont nés dans le voyage et n'ont jamais vu la ferme, regardent autour d'eux avec étonnement. Mais le plus touchant encore, ce sont les chiens de bergers, tout affairés après leurs bêtes, et ne voyant qu'elles dans le mas. Le chien de garde a beau les appeler du fond de sa niche ; le seau du puits, tout plein d'eau fraîche, a beau leur faire signe ; ils ne veulent rien voir, rien entendre, avant que le bétail soit rentré, le gros loquet poussé sur la petite porte à claire-voie, — et les bergers attablés dans la salle basse. Alors seulement, ils consentent à gagner le chenil ; et là, tout en lapant leur écuelle de soupe, ils racontent à leurs camarades de la ferme ce qu'ils ont fait là-haut dans la montagne, un pays noir où il y a des loups et de grandesdigitales de pourpre pleines de rosée, jusqu'au bord. » (Alphonse Daudet, *Lettres de mon moulin.)*

Le chat, grand chasseur

Pensionnaire indispensable de toute ferme, le chat la protège des petits rongeurs. Il peut guetter sa proie des heures durant avant de bondir sur elle pour la terrasser.

Le chat, attentif et vif

Toujours aux aguets, le chat ne dort que d'un œil. Rien ne lui échappe de la vie de la ferme.

Colley

Originaire d'Écosse, ce chien élégant fait son entrée en France aux alentours de 1900. Peu hardi mais infatigable, le Colley est plus efficace pour conduire le troupeau que pour le protéger des prédateurs.

Le chat, protecteur du blé

Les chats étaient nombreux dans les campagnes, mais rares étaient les chats de race. Ils étaient le plus souvent les fruits de croisements successifs entre les chats du voisinage, le plus important étant qu'ils soient capables de chasser les souris et les rats !

Berger de Brie

Vif, énergique et joueur, ce chien, plus connu sous le nom de Briard, excelle dans la conduite des troupeaux. Doué d'une grande résistance, il peut travailler plusieurs heures d'affilée sans se fatiguer.

Berger des Pyrénées

C'est l'un des plus petits chiens de berger. Grâce à son intelligence et à sa robustesse, il peut à lui seul conduire un troupeau de huit cents moutons. Défaut non négligeable : il est difficile de le dresser.

La foire aux bestiaux

Quelle animation sur la place du bourg le jour du marché au bétail ! Des centaines de bêtes, serrées les unes contre les autres, manifestaient leur impatience à coups de hennissements et de beuglements assourdissants. Au milieu du vacarme, les hommes jaugeaient les bêtes et discutaient leur prix. Il fallait avoir l'œil, car certains marchands peu scrupuleux n'hésitaient pas à masquer les défauts des animaux. On se méfiait surtout des vendeurs de chevaux, qui avaient le don pour rendre pimpantes les vieilles bêtes décaties : les robes étaient lustrées, les dents passées à la lime, on leur avait donné un peu d'eau-de-vie pour qu'elles retrouvent, l'espace de quelques heures, un semblant de vitalité… Quelques marchés avaient leur spécialité : ici se tenait la foire aux bœufs et aux veaux, là la foire aux chevaux ou la foire aux cochons. Volailles et lapins, en revanche, se vendaient sur les marchés ordinaires. Aujourd'hui, des noms de rues rappellent ce temps où l'on achetait son bétail sur la place publique : la rue aux Vaches, la place du Marché-aux-Cochons…

Trophée
Lors des foires les plus importantes, un jury décernait des prix aux animaux les plus beaux.

Marchand de volailles
Entassées dans leurs cageots, poules et pintades font l'objet d'une âpre discussion entre un marchand et ses deux clients.

Marché aux bestiaux en Vendée
Espace de sociabilité, lieu de vente et d'échanges, la foire aux bestiaux constituait l'un des temps forts de la vie paysanne.

Le marché aux porcs

Certains marchés avaient leur spécialité. Ici, les cochons sont à l'honneur. Les clients ne cherchaient pas toujours à acheter des porcelets à engraisser, mais aussi des porcs bons à tuer.

Champ de foire dans le Limousin

Marchands et bestiaux sont rassemblés sur la place principale du bourg. Numérotés, tenus par des cordes, les bovins attirent les paysans de toute la région.

LE MIEL ET LES ABEILLES

Autrefois, il n'était pas rare de voir à la campagne quelques ruches au fond des jardins ou des vergers. À l'origine, elles étaient faites de paille tressée ou simplement taillées dans des troncs d'arbre creux : les abeilles y fabriquaient elles-mêmes leurs rayons, selon une disposition qui ne facilitait guère le prélèvement du miel. Par la suite apparurent les ruches « chalets » dotées de cadres mobiles : il suffisait alors, pour récolter le nectar, de déboîter le toit puis de détacher les rayons artificiels.
Outre le miel, apprécié pour sa douceur et ses vertus thérapeutiques, l'apiculteur recueillait le pollen et la gelée royale, riches en vitamines, ainsi que la cire, qu'il revendait aux fabricants de bougies et d'encaustiques. Les abeilles demandant peu de soins, leur élevage n'en était que plus profitable… Cependant, on eut longtemps peu d'égards envers ces précieux insectes : préalablement à la récolte, on étouffait une partie de la colonie en vaporisant du soufre dans la ruche. Une méthode moins cruelle vit le jour à la fin du XIXe siècle, qui consistait à enfumer les abeilles pour les endormir.

L'ENFUMAGE DE LA RUCHE
Préalablement à la récolte du miel, l'apiculteur donne quelques coups d'enfumoir dans la ruche afin d'endormir les abeilles. La levée des cadres s'effectue une fois les insectes neutralisés.

APICULTEUR DANS LES ALPES-DE-HAUTES-PROVENCE
Les apiculteurs installent les ruches dans leur verger ou leur jardin. Celles-ci sont des ruches Dadant à toit plat : pour récolter le miel, il suffit de soulever le toit et de détacher les cadres.

PAIN D'ÉPICES

300 g de farine de seigle et de froment mélangés, 10 cl de lait, 6 cuillères à soupe de miel de châtaigner, 4 cuillères à soupe de marmelade d'orange, 50 g de beurre, 1 cuillère à café de bicarbonate de soude, 1 œuf, 1 cuillère à café d'anis en poudre, 1 cuillère à café de cannelle en poudre, 1 cuillère à café de cardamome en poudre.
Cuisson : 45 minutes au four.
Faites chauffer le lait. Ajoutez-y le miel, la marmelade et le beurre. Mélangez. Dissolvez le bicarbonate dans un peu de lait chaud. Ajoutez à la préparation le bicarbonate, la farine, l'œuf et les épices et liez l'ensemble. Beurrez et farinez un moule à cake. Enfournez, thermostat 4 ou 5. Bon appétit !

Ruches en paille, vers 1925
À cette époque, les apiculteurs confectionnaient eux-mêmes leurs ruches. Dans ces abris primitifs dépourvus de cadres mobiles, les abeilles fabriquaient elles-mêmes leurs rayons, ce qui rendait difficile l'extraction du miel.

Prélèvement du miel
Pour faciliter le désoperculage et l'extraction du miel, il est préférable d'opérer dans un lieu chauffé, pour assoupir les abeilles.

La fabrication du miel
Une fois récolté, le miel est mis en seaux, après avoir passé une quinzaine de jours dans un maturateur.

Moissonneur appuyé sur sa faux, s'accordant quelques instants de répit…
Page précédente : du haut de la meule, le paysan envoie des gerbes de blé sur la batteuse : le battage du blé, visant à séparer le grain de la paille, avait lieu à l'issu de la moisson, l'un des plus gros travaux de l'année.

La vie aux champs

*À la campagne, la nature guidait et orientait la vie des paysans.
Les travaux agricoles s'adaptaient au cycle des saisons, chacune comportant son lot d'activités, plus ou moins rudes selon les mois. Le repos de la terre en hiver invitait le paysan au répit ; son réveil au printemps annonçait le retour des activités qui se succéderaient sans relâche jusqu'au mois de novembre. Et ce rythme de travail qu'imposait la nature recommençait, identique à lui-même, d'année en année.*

Ainsi, à la morte saison, la terre endormie ne laissait d'autre choix que de rester claquemuré chez soi ; il n'y avait pas une charrette en vue dans les champs, pas un cheval, aucune présence humaine : « Dès la fin de novembre, les neiges arrivèrent après une semaine de gelée. On voyait de loin les gros nuages venus du nord ; et la blanche descente des flocons commença. En une nuit, toute la plaine fut ensevelie. Les fermes, isolées dans leurs cours carrées, derrière leurs rideaux de grands arbres poudrés de frimas, semblaient s'endormir sous l'accumulation de cette mousse épaisse et légère. Aucun bruit ne traversait plus la campagne immobile. [...] Ni les hommes, ni les bêtes ne sortaient plus : seules les cheminées de chaumières en chemise blanche révélaient la vie cachée, par les minces filets de fumée qui montaient droit dans l'air glacial. » (Guy de Maupassant, *Contes de Noël.*)

La vie à l'extérieur recommençait à l'approche des beaux jours. C'était le temps des labours et des semailles : on ressortait du hangar ses machines et ses outils, et les bêtes, appelées à tirer la charrue, quittaient l'écurie. C'est alors que les champs reprenaient vie : « L'hiver s'écoula. Il fut long et rude. Puis le premier printemps fit repartir les germes ; et les paysans, de nouveau, comme des fourmis laborieuses, passèrent leurs jours dans les champs, travaillant de l'aurore à la nuit, sous la bise et sous les pluies, le long des sillons de terre brune qui enfantaient le pain des hommes. » (Guy de Maupassant, *Le Père Amable.*)

Avec les derniers jours du printemps, une période de travaux pénibles s'annonçait. C'était la fauche des prés, qui, du temps où les outils manuels n'avaient pas été supplantés par l'outillage mécanique, réclamait une main-d'œuvre impressionnante. Le village se retrouvait alors autour des préoccupations de la communauté et la solidarité était mise à contribution. Chacun aidait son voisin et attendait de lui qu'il l'aide en retour, à la force des bras ou en mettant à disposition les outils dont il pouvait disposer.

« Les hommes, les femmes, les enfants achevaient les plus jolis travaux de l'été, ceux de la fenaison. L'air du soir, animé par la subite fraîcheur des orages, apportait les nourrissantes senteurs des herbes coupées et des bottes de foin faites. Les moindres accidents de ce beau panorama se voyaient parfaitement : et ceux qui, craignant l'orage, achevaient en toute hâte des meules autour desquelles les faneuses accouraient avec des fourches chargées, et ceux qui remplissaient les charrettes au milieu des botteleurs, et ceux qui, dans le lointain, fauchaient encore, et celles qui retournaient les longues lignes d'herbes abattues comme des hachures sur les prés pour les faner, et celles qui se pressaient de les mettre en paquets. » (Honoré de Balzac, *Le Curé de village.*)

Tous les petits paysans possédaient un jardin où ils cultivaient les légumes et les fruits qui survenaient aux besoins journaliers de leur famille. Ici, le paysan repique des boutures de romarin : les plantes aromatiques ont toujours eu une petite place dans les potagers.

À la fauchaison succédait presque immédiatement la moisson, la besogne la plus lourde, la plus cruciale aussi, de l'année : on allait enfin récolter le blé dont on ferait le pain quotidien. De la bonne volonté des éléments dépendrait la qualité des récoltes : seul le beau temps assurerait une bonne moisson. Alors on multipliait les actes superstitieux visant à détourner la pluie ou la grêle. Lorsqu'un orage survenait, on faisait sonner les cloches, on demandait au prêtre de conjurer le mauvais sort, on jetait une poignée de sel dans le feu…

Les charrettes de foin sont rentrées dans le grenier par un pont en poutrelles de fer (Vosges, 1934).

Que le soleil brille ou que la pluie tombe, le travail accaparait tous les villageois : « Dès la seconde semaine du mois d'août, la besogne s'avança. Les faucheurs étaient partis des pièces au nord, descendant vers celles qui bordaient la vallée de l'Aigre ; et, gerbe à gerbe, la nappe immense tombait, chaque coup de faux mordait, emportait une entaille ronde. […] C'était l'époque où la grande solitude de la triste Beauce s'égayait le plus, peuplée de monde, animée d'un continuel mouvement de travailleurs, de charrettes et de chevaux. À perte de vue, des équipes manœuvraient du même train oblique, du même balancement des bras, les unes si voisines, qu'on entendait le sifflement du fer, les autres en traînées noires, ainsi que des fourmis, jusqu'au bord du ciel. » (Émile Zola, *La Terre*)

Viendraient ensuite le temps du battage des grains, celui des vendanges, des labours d'automne. C'était dans l'urgence, le plus souvent, que ces travaux étaient réalisés. Car la nature n'attend pas. L'herbe dont on faisait les foins devait être coupée dès qu'elle était arrivée à maturité, ni avant, ni après : une coupe trop tardive aurait donné une herbe fibreuse, qui aurait perdu en qualité. Quant au blé, il fallait le récolter dès qu'il était jaunissant : si l'on attendait quelques jours de plus, les grains se détacheraient des chaumes, et en cas de coup de vent violent, les tiges tomberaient à terre. Or, à l'époque de la faucille et de la faux, et malgré toute la main-d'œuvre mobilisée, il n'était guère aisé de faire face à ces exigences.

L'arrivée des faucheuses mécaniques et des moissonneuses, puis du tracteur, permit d'accélérer le travail. Les champs perdirent de leur animation, mais pour les paysans, quel plaisir de voir les tâches accomplies en quelques jours, tâches qui nécessitaient auparavant des semaines de labeur !

Alliés précieux des paysans, les bœufs, au même titre que les chevaux, furent réquisitionnés pour les travaux des champs et le transport des récoltes jusqu'à ce qu'apparaisse le tracteur.

Le printemps

Saison du renouveau et du retour du soleil, le printemps voit la nature s'éveiller : l'herbe des prés repousse, les épis se forment, les bourgeons éclosent, les fleurs s'ouvrent… Pour le paysan, c'est le moment de se remettre à travailler la terre, de faire les labours et les semis de printemps et de s'occuper du jardin : semer, planter, bêcher, arracher les mauvaises herbes, éclaircir les plants… Tout pousse si vite en cette saison que la terre demande à être sans cesse remuée. Dans les champs, les semailles d'orge et de maïs se poursuivent jusqu'en mai. En juin vient le moment de faire les foins : on fauche et l'on fane les herbes que l'on donnera comme fourrage aux bêtes pendant l'année. Au jardin, semis et repiquages se déroulent tout au long de la saison : en avril, on sème les tomates, les choux et les aubergines, on plante les asperges et l'on termine les plantations de pommes de terre commencées en mars ; en mai, c'est au tour des carottes, des haricots, des pois et des poireaux d'être mis en terre ; en juin, on sème la salade et l'on cueille les fraises, les framboises, les cerises et les groseilles. Les vignerons, eux, doivent greffer les vignes et faire les seconds labours.

Semis de tomates dans le Midi
Tout à leur besogne, les paysans sèment une à une les graines de tomates en rangs bien alignés. Semées au début du printemps, elles se récolteront en juillet-août.

Semailles en Champagne
Au printemps, on effectue les semailles d'orge et de maïs. Doté d'une boîte à semences, d'un épandeur et d'un appareil enfouisseur, ce semoir mécanique présente l'avantage d'enfouir les graines à profondeurs égales.

Les travaux du printemps en dictons

« **Au mois d'avril,** plante l'oignon comme un fil. Au mois de mai, il sera comme un pieu. »
26 avril : « Saint-Clet ferme la porte aux derniers pois. » (Picardie.)
3 mai : « À la Sainte-Croix on sème les pois. » (Berry-Bourbonnais.)
« Pour la Croix, repique tes oignons et sème tes courges. » (Quercy-Rouergue.)
« Sème tes haricots à la Sainte-Croix, tu en récolteras plus que pour toi. » (Midi toulousain.)
22 mai : « À Sainte-Émilie, luzerne à pleine faucille. » (Midi toulousain.)
« C'est le mois de juin qui fait les foins. »
14 juin : « À la Saint-Rufin, cerises à plein jardin. » (Poitou-Charentes.)

Cueillette des cerises

Juin, mois des quatre fruits rouges… Au milieu des ronces et des broussailles, la paysanne cueille les cerises dont elle fera ses confitures. Délicieuses au goût, les cerises sont aussi réputées pour leurs précieuses vertus désintoxiquantes : « Si toute l'année il y avait des cerises, Messieurs les médecins n'iraient plus qu'en chemise », annonce un dicton.

L'ÉTÉ

En été vient le temps de procéder aux récoltes : blé, seigle puis orge arrivés à maturité sont coupés et rentrés dans les greniers. La chaleur est écrasante, mais elle seule garantit une bonne moisson : « soleil de juillet donne fortune », « chaleur d'août, c'est du bien partout »… Au jardin, il faut semer les navets et les épinards, repiquer les choux, arracher l'ail et les oignons, continuer la cueillette des fruits dont on fera des compotes, des gelées ou des confitures.
Dans les pays de vignobles, les cultivateurs consacrent le plus clair du mois d'août à préparer les vendanges : les cuves, les paniers, les hottes et les outils sont remis en état et les derniers labours sont effectués… car « qui veut avoir du bon moût laboure sa vigne en août ».
Puis, en septembre, vient le moment tant attendu des vendanges. Traditionnellement, celles-ci faisaient l'objet d'une annonce officielle : des magistrats accompagnés d'agriculteurs allaient dans les vignobles afin de juger de la maturité du raisin et décidaient de la date du début des opérations. Le ban des vendanges se faisait dans les villages à grand renfort de tambours et était souvent l'occasion d'une fête populaire.
Septembre, c'est aussi le mois où l'on bat le grain et où l'on coupe les regains après la fenaison du mois de juin. C'est aussi le moment de récolter les haricots et de commencer les labours d'automne.

LES TRAVAUX DE L'ÉTÉ EN DICTONS

8 juillet : « À la Sainte-Virginie, la récolte des fraises est finie. » (Picardie.)
22 juillet : « À la Sainte-Madeleine, la noix est pleine, la noisette bonne à manger, le raisin formé, le blé au grenier, la paille au paillier. » (Provence.)
23 juillet : « À Saint-Apollinaire, dernière semaille de laitue en pleine terre. » (Picardie.)
24 juillet : « À la Sainte-Christine, coupe le blé, plie l'échine. » (Limousin.)
26 juillet : « À la Sainte-Anne, faut faire des naviaux, I'viennent gros comme on les demande. » (Bretagne.)
29 juillet : « À Sainte-Marthe, prunes mûres, bonnes tartes. » (Alsace.)
10 août : « Pour la Saint-Laurent, le fruit est sous la dent. » (Languedoc, Provence.)
14 août : « À la Saint-Eusèbe, au plus tard fait battre la gerbe. »
7 septembre : « Le 7 septembre, sème ton blé, car ce jour vaut du fumier. » (Beauce.)
8 septembre : « À Notre-Dame de septembre, les raisins sont bons à prendre. » (Provence.)
14 septembre : « À la Sainte-Croix, cueille tes quetsches et gaule tes noix. » (Lorraine.)
19 septembre : « Qui sème à Saint-Janvier, de l'an récolte le premier. »

Vendanges
Septembre… le raisin est mûr, l’heure des vendanges a sonné. La perspective d’un bon vin permet d’oublier les longues journées passées à récolter et à trier les grains de raisin…

Moisson
La récolte du blé est le plus lourd travail de l’été. Ici, le blé est coupé à la faucille et les chaumes sectionnés sont rabattus dans le même sens pour faciliter leur mise en javelles. Parce que la faucille est légère et facilement maniable, certains paysans la préféraient à la faux.

Battage du maïs
Dans cette petite ferme basque, deux hommes munis de fléaux battent les épis de maïs en cadence, l’un après l’autre.

L'AUTOMNE

« Octobre le vaillant surmène le paysan » : les premiers froids sont arrivés, mais il n'est pas question de se reposer.
Il faut fumer la terre, semer le froment et le seigle ; arracher les betteraves, les topinambours et les carottes, et finir de cueillir les poires et les pommes à cidre.
Les vendanges se poursuivent dans le Nord et le Centre, tandis qu'en Provence commence la saison des olives. Selon la hauteur des arbres, les fruits seront cueillis à la main ou bien gaulés puis ramassés sur des toiles étalées sur le sol : « Pour ramasser les olives, il faut un fou sur l'arbre et une fille sage, travailleuse dessous », disait-on dans les Alpilles. Octobre, c'est aussi le mois des châtaignes dans les Cévennes. Principale ressource de la région, le châtaigner est considéré comme l'arbre à pain des Ardéchois et nourrit aussi bien les hommes que les cochons. En Bretagne et en Normandie commence la fabrication du cidre, après la récolte de septembre.
Puis vient novembre, mois du retour à la maison et du mauvais temps. Dans les champs et au jardin, les gros travaux sont terminés et on se claquemure chez soi, en commençant à vivre de ses réserves.

PRESSOIR À HUILE
À peine récoltées, les olives sont portées au moulin communal : on aperçoit ici les scourtins, sortes de coussins d'osier entre lesquels la pâte d'olive était broyée sous l'action d'une presse.

LES TRAVAUX DE L'AUTOMNE EN DICTONS

« **En octobre**, qui ne fume bien ne récolte rien. »
« De Saint-Michel à la Toussaint, laboure grand train. » (Auvergne.)
« Octobre n'a jamais passé sans qu'il y ait cidre brassé » (Bretagne, Normandie.)
3 octobre : « À la Saint-Gérard, sème ton blé. »
7 octobre : « À la Saint-Serge, la charrue en terre pour niveler les taupinières. »
15 octobre : « À la Sainte-Eugénie, dans la grasse Normandie, les semailles sont finies. » (Normandie.)
18 octobre : « Pour la Saint-Luc, les châtaignes descendent du perchoir. » (Poitou-Charentes.)
22 octobre : « À la Saint-Vallier, la charrue est sous le poirier. » (Beauce.)
Avec l'arrivée du mois de novembre, l'activité se ralentit. Il est temps de couper son bois et de se mettre au chaud :
« Quel temps qu'il fasse en novembre, commence du feu dans ta chambre. »
25 novembre : « À la Sainte-Catherine, tout bois prend racine. »
26 novembre : « À la Sainte-Delphine, mets ton manteau en pèlerine. »
« **En décembre**, fais du bois et endors-toi. »
« L'étable au troupeau quand est né décembre, les gens au repos pour l'année des cendres. »

RÉCOLTE DES OLIVES EN PROVENCE
En Provence, la récolte des olives vertes de table débute en septembre ; celle des olives noires ne commence qu'en octobre.

Pesée et vente des châtaignes
Les châtaignes constituèrent longtemps la nourriture de base des Cévenols. Vendu au poids, le surplus de la récolte permettait des rentrées d'argent non négligeables.

Collecte des olives
Dans les Alpilles, la hauteur des arbres empêche de cueillir les olives à la main. Au moyen d'une gaule, le paysan les fait retomber sur la grande toile étalée sur le sol.

L'HIVER

Les mois de janvier et février sont en partie réservés aux travaux d'entretien : les paysans taillent les haies, débroussaillent les chemins, arrachent les ronces et les joncs dans les champs. Au besoin, ils rénovent leur habitat ou les dépendances ; ils font place nette dans les greniers et les fenils en prévision des récoltes à venir, rebouchent les trous et les fissures par lesquels les rats pourraient se faufiler. Ils profitent également de la morte saison pour aller couper le bois en forêt. La paysanne, elle, fait ses conserves et ses salaisons. Si l'on continue à entretenir la vigne et le potager, l'activité au jardin ne reprendra véritablement que fin février : on procède alors à la taille des vignes, des pommiers et des poiriers. Puis, au mois suivant, c'est au tour des pêchers et des abricotiers d'être coupés. Mars voit le retour à la terre. Le blé, l'orge, les trèfles et l'avoine sont semés. On bine les céréales d'automne et l'on prépare les plants de pommes de terre. Dans les potagers, on sème les oignons, les radis, les betteraves et l'on plante les asperges et les pommes de terre germées. Arbres fruitiers, vignes, céréales ou légumes : dans tous les cas, la sécheresse est préférée à la pluie. « Mars pluvieux, an disetteux »…

CANTONNIER
Les cantonniers se reconnaissaient à la bande de cuivre entourant la forme de leur chapeau. Le plus gros de leur travail consistait à enlever à la pelle la boue ou la neige qui recouvraient les chaussées.

TAILLE DES ARBRES FRUITIERS
C'est en mars que les abricotiers sont taillés. Ici, un ouvrier supprime les rameaux trop bas des arbres.

LES TRAVAUX DE L'HIVER EN DICTONS

« Mois de janvier laisse la terre se reposer. »
17 janvier : « À la Saint-Antoine, sale ton porc, enferme ton huile. » (Languedoc.)
« Vigne taillée en février, le raisin remplit le panier. »
5 février : « Pour la Sainte-Agathe, sème tes poireaux, tire de l'eau du pré car l'hiver est passé. » (Midi toulousain.)
18 février : « À la Saint-Alexandre, finies les cendres [les veillées]. » (Provence.)
« À partir de Saint-Siméon, tu peux semer les melons. » (Provence.)
23 février : « À la Saint-Florent, il est bien de semer le froment mais sans perdre de temps. » (Provence.)
« La vigne dit : en mars me lie, en mars me taille, en mars il faut qu'on me travaille. »
« Taille de bonne heure, taille tard, la meilleure taille est celle de mars. » (Picardie, Poitou-Charentes.)
« Taille-moi en mars car je chargerai, mais ne t'habitue pas car je sécherai. » (Corse.)
9 mars : « Semé à la Sainte-Françoise, ton grain aura du poids. » (Nord.)
17 mars : « Sème tes pois à la Saint-Patrice, tu en auras à ton caprice. » (Poitou-Charentes.)

En Isère, la neige envahit tout
Lorsque la neige interdit au paysan de travailler en plein air, il se consacre à la restauration des outils ou à des productions artisanales.

Des labours aux semailles

Les labours avaient lieu en automne. Quelques jours avant de creuser les premiers sillons, le paysan avait épandu dans le champ une couche de fumier que le passage de l'araire permettrait d'enterrer. L'araire était une petite charrue à traction animale munie d'un soc en fer. C'était un instrument très simple, si simple que les agriculteurs fabriquaient eux-mêmes la leur. Mais loin de retourner la terre, elle ne faisait que la rejeter de part et d'autre du sillon et plusieurs passages étaient nécessaires pour ameublir le sol.
La terre labourée demandait ensuite à être aplanie : on brisait les mottes avec un rouleau puis on ratissait au moyen d'une herse. Labouré, émotté, ratissé, le champ pouvait alors être ensemencé : on enroulait un semoir à son bras gauche et d'un geste brusque, le « geste auguste du semeur », on lançait les graines à travers le champ. Puis on passait de nouveau la herse pour ensevelir la semence.
Les labours reprenaient quelques mois plus tard, au printemps : il fallait alors tasser la terre que le gel avait soulevée, épandre une nouvelle couche de fumier, passer le rouleau sur les pousses pour fortifier les plantes. Un travail sans fin que celui de la terre…

Charrue
Charrue classique, avec ses deux mancherons de bois et son soc en fer.

Labours
Derrière la charrue, le laboureur guide l'instrument tiré par les bœufs. On distingue, près du soc, les couteaux qui, en s'enfonçant dans la terre, tracent les sillons.

LA CHANSON DU LABOUREUR

Le pauvre laboureur
Il a bien du malheur :
Du jour de sa naissance
Est déjà malheureux !
Qu'il pleuv', qu'il tonn', qu'il vente,
Qu'il fasse mauvais temps
L'on voit toujours sans cesse
Le laboureur aux champs *(bis)*.

Le pauvre laboureur
N'est pas un partisan :
Il est vêtu de toile
Comme un moulin à vent.
Il met des arselettes,
C'est l'état du métier,
Pour empêcher la terre
D'entrer dans ses souliers *(bis)*.

Le pauvre laboureur
A de petits enfants :
Les met à la charrue
À l'âge de quinze ans
Il a perdu sa femme
À l'âge de trente ans :
Elle le laiss' tout seul
Avec ses enfants *(bis)*.

Le pauvre laboureur
Il est toujours content :
Quand l'est à la charrue
Il est toujours chantant.
Il n'est ni roi ni prince,
Ni duque, ni seigneur,
Qui n'vive de la peine,
Du pauvre laboureur *(bis)*.

SEMAILLES
Un sac de toile noué autour de l'épaule, le semeur lance les graines à travers champ. Le semoir mécanique remplacera avantageusement les semailles à la volée.

La fenaison

Les foins se faisaient généralement en juin, un peu plus tôt dans le Midi, un peu plus tard en altitude. Les paysans partaient faucher dans les prés dès la pointe du jour, à l'heure où l'herbe, encore couverte de rosée, se laissait plus facilement couper. Vers midi, femmes et enfants prenaient la relève et s'attelaient au fanage : munis de râteaux à main, ils éparpillaient et retournaient les herbes fauchées laissées en andains afin que l'air et la chaleur les pénètrent dans tous les sens.
Le soir, ils groupaient les andains en petits tas pour les protéger de la rosée nocturne et, le lendemain, ils les soulevaient et les remuaient de nouveau. Ce travail se poursuivait pendant plusieurs jours, jusqu'à ce que toute l'herbe soit bien sèche.
Le fanage terminé, on échafaudait des meules de foin que l'on chargeait ensuite à la fourche sur des charrettes. C'était alors la ronde des voitures qui commençait, les allées et venues entre les prés et les greniers. Pour fêter le retour de la dernière charretée, les faneurs la décoraient de rubans ou de fleurs : les foins étaient terminés. Ils ne reprendraient qu'à la fin de l'été, lorsque l'herbe aurait repoussé.

Déchargement du foin en Beauce
La fenaison est terminée.
Le foin bien sec est déchargé, prêt à être monté dans le fenil.

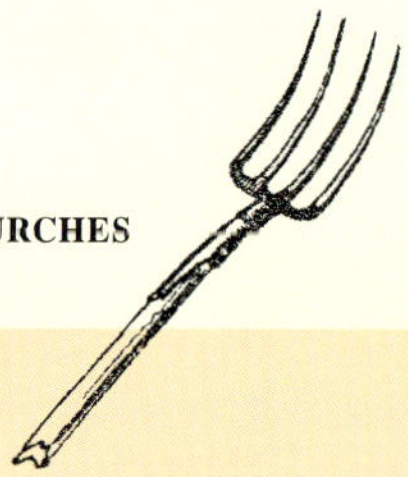

Fourches

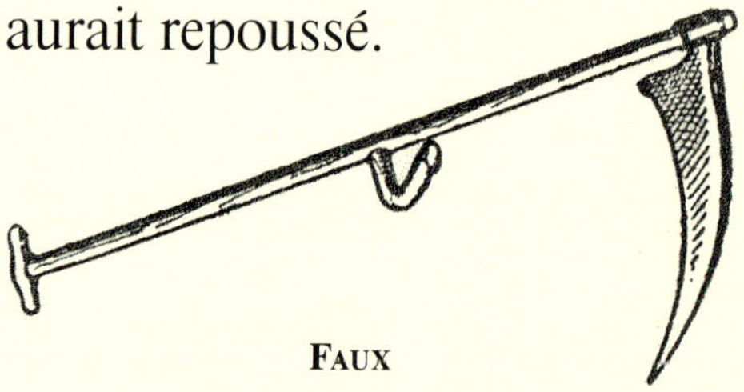

Faux

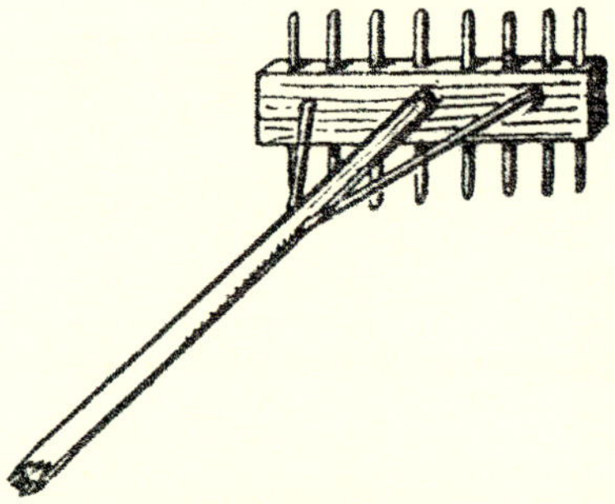

Râteau à foin

LES OUTILS DE LA FENAISON

À l'origine, on utilisait la faux, le coffin (pierre à aiguiser la faux, placée dans un étui portatif), une enclumette portative et un marteau pour rabattre le fil de la faux et lui redonner son taillant, le râteau à main pour remuer et retourner le foin, une fourche en bois ou en fer pour charger le foin sur les charrettes, un coupe-foin pour trancher le foin engrangé et prélever la ration des animaux.
Plus tard, on utilisa la faucheuse mécanique tractée par des chevaux… ou bien la faux, toujours, si le terrain ne se prêtait pas à son emploi : « Arsène […] fauchait sans lever le nez, car la besogne exigeait une attention soutenue. Le pré manquait de pente et le fond argileux y retenait l'eau pendant la plus grande partie de l'année. À la belle saison, le terrain, semé de trous, avait le relief et la consistance d'une éponge sèche et la faucheuse mécanique s'y cassait les dents. Il fallait couper à la faux en prenant bien garde à ne pas piquer dans la terre. » (*La Vouivre*, Marcel Aymé). Enfin, la râteleuse était attelée à un cheval pour remuer, rassembler et ramasser le foin.

Meule de foin

Pour dresser une telle meule, on enfonçait un pieu dans la terre et l'on répartissait le foin tout autour, avant de consolider l'ensemble par des branchages.

Fenaison dans le Limousin

Au milieu du pré fauché, des fourches et des râteaux à faner, les paysans s'accordent une pause avant de rentrer à la ferme.

La moisson

A la mi-juillet, les paysans allaient aux champs pour surveiller la maturité du blé : si les épis étaient dorés et les grains bien durs, la moisson était décidée. Celle-ci se fit longtemps à la faux ou à la faucille : les hommes coupaient les tiges à ras du sol, qu'ils disposaient en petites bottes. Derrière eux, les femmes rassemblaient ces javelles par quatre ou cinq pour constituer des gerbes qu'elles attachaient avec un lien de paille. Afin de faciliter l'enlèvement de la récolte, d'autres encore groupaient les gerbes en tas.
La moisson ainsi faite réclamant une main-d'œuvre considérable, tout le village venait prêter main-forte. Charrons, sabotiers, vanniers, etc. : les artisans abandonnaient leurs ateliers pour « se louer », comme les ouvriers saisonniers, auprès des cultivateurs. Puis, passé 1900, l'usage des javeleuses, sortes de faucheuses mécaniques, se répandit et entraîna du même coup la disparition de la louée… Il n'y avait plus qu'à former les gerbes de javelles, opération qui fut à son tour supprimée par les moissonneuses-lieuses.
À la faucille ou à la machine, la moisson se terminait invariablement par la « gerbe belle » ou « passée d'août », un repas gargantuesque où les paysans régalaient leurs aides des meilleurs produits de la maison.

Meules
En attendant d'être battu, le blé est engrangé ou laissé dans le champ en meules. Ces meules coniques pouvaient contenir plus de 3 000 gerbes. Leur confection était souvent confiée à des ouvriers saisonniers.

LES GLANEURS

À peine les gerbes étaient-elles enlevées que les glaneurs, souvent des enfants, se précipitaient dans les champs pour ramasser les épis oubliés…

Les blés coupés sont en buriaux,
Eh ! hue… Oh ! dia, les chariots
Prendront d'main la part la meilleure.
C'est le tour des glaneurs.
À c't'heure
C'est le tour des glaneurs.

Hardi ! la mère et les morveux.
Battons l'chaume qu'est dru comm'
nos ch'veux.
Et qu'pas un seul épi n'y d'meure
C'est le tour des glaneurs.
À c't'heure
C'est le tour des glaneurs.

L'année est bonn', les grains sont gros.
Fourrez-moi z'en sous vos crocs
C'est-y plein, dur, et comm' ça fleure !
C'est le tour des glaneurs.
À c't'heure
C'est le tour des glaneurs.

Il en reste au ras du sillon
D'quoi remplir plus d'un corbillon,
Allez pour empêcher qu'on n'meure
C'est le tour des glaneurs.
À c't'heure
C'est le tour des glaneurs.

Si j'en pouvions vend'pour queuq'sous,
J'irions boire à la branche de houx
Un pichet de vin qui sent ta meure.
C'est le tour des glaneurs.
À c't'heure
C'est le tour des glaneurs.

En passant auprès des buriots,
Volez un peu les proprios.
Faut du pain à ceux qu'a pas d'beurre.
C'est le tour des glaneurs.
À c't'heure
C'est le tour des glaneurs.

Jean Richepin

Chargement du blé
Les gerbes de blé sont chargées à la fourche sur les charrettes. La besogne est rude : mieux vaut s'y mettre à plusieurs.

Bottelage
Après la moisson, et toujours en équipe, les paysans mettent la paille en bottes, ici en Beauce.

LE BATTAGE

Une fois le blé moissonné, il fallait le « battre », c'est-à-dire séparer le grain de la paille. Jusqu'au début du XXe siècle, cette opération fut effectuée au fléau. De tous les travaux qui incombaient au paysan, celui-ci était sans aucun doute le plus astreignant. C'étaient des journées entières passées à manier le lourd bâton et à frapper en cadence les gerbes déliées et étalées sur l'aire de battage. Lorsque tout le blé était enfin battu, il fallait encore débarrasser les grains de la poussière et des débris de paille qui les recouvraient, puis les trier pour n'en garder que la fine fleur. Les meilleurs seraient ensachés et montés dans les greniers ; quant aux indésirables, on les laisserait par terre : les poules se chargeraient bien de les picorer…
L'arrivée des batteuses à vapeur puis à moteur soulagea bien des cultivateurs. Les mécaniciens les conduisaient de ferme en ferme et, en l'espace de quelques heures, tout le blé était battu et le grain sortait propre ! Chacun avait eu à cœur de participer à cette journée commune : les hommes avaient aidé à la machine et rentré les sacs ; les femmes avaient balayé la paille projetée par la batteuse ; les enfants avaient porté à boire… Et le soir, une fois la machine au repos, tous se réunissaient pour célébrer la fin du battage.

FLÉAU
Cet outil indispensable servait également pour battre le maïs et autres céréales. Ici, les attaches sont en cuir.

ENSACHEMENT DU BLÉ
Enfin, le blé a été battu et les grains ont été triés… Restera une ultime étape : monter les sacs dans le grenier.

VAN

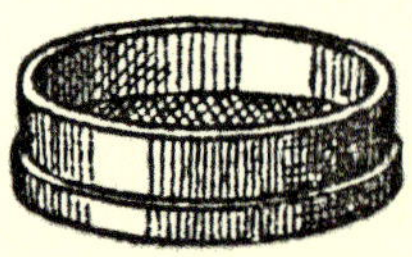

CRIBLE

LES OUTILS D'ORIGINE

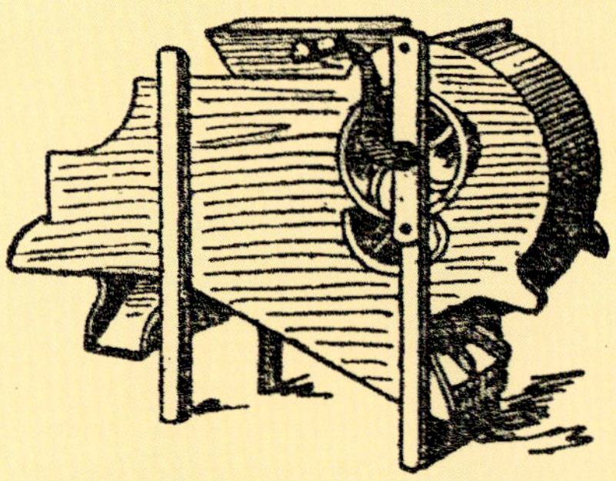

TARARE

Fléau, van, crible, tarare : avant l'arrivée des premières batteuses puis des moissonneuses-batteuses, toute une panoplie d'instruments était nécessaire au battage. Il y avait d'abord le fléau, composé d'un manche de 2 kilos environ attaché à une lanière de cuir. Le battage se faisait en équipe : deux hommes se tenaient face à face, debout ou à genoux, et battaient le blé alternativement. Une fois le blé battu, on abandonnait le fléau pour le van et le crible. Le van servait au nettoyage des grains. C'était une petite corbeille en osier en forme de coquille d'œuf et munie de deux anses. Après l'avoir remplie de grains, on la secouait vigoureusement de bas en haut d'un geste brusque et saccadé. Nettoyés, les grains passaient ensuite au crible, constitué à l'origine de peaux de porc perforées tendues sur des supports en bois et, par la suite, de feuilles de tôle percées de trous de tailles différentes. Cribles et vans furent rapidement remplacés par le tarare, composé d'un ventilateur et d'une trémie, et actionné par une manivelle.

Battage du sarrasin dans les Vosges

Les hommes battent le sarrasin en cadence pour en séparer le grain de la paille. Les fléaux sont composés d'un lourd manche de bois attaché par une corde ou une lanière de cuir à un bâton.

Batteuse à vapeur en Seine-et-Marne

Au début du XXe siècle, la batteuse fut adoptée dans de nombreuses fermes. Celle-ci est actionnée par une locomobile à vapeur.

Tarare

Cumulant les fonctions du van et du crible, le tarare permettait de nettoyer et de trier les grains de blé.

Le temps des machines

Quel soulagement pour les paysans de voir la faucheuse détrôner la faux, la batteuse remplacer le fléau et la moissonneuse supplanter la faucille ! La plupart de ces machines furent inventées au XIXe siècle, mais leur emploi ne se généralisa dans les campagnes que peu à peu au cours du siècle suivant.
Des labours aux récoltes, en passant par les semailles, tous les travaux agricoles en furent alors bouleversés : pour les labours, l'araire fut délaissée au profit de la charrue à un soc, puis de la charrue Brabant double réversible, facile à diriger et permettant de travailler la terre en profondeur ; les semis à la volée furent remplacés par les semoirs mécaniques ; les machines destinées à l'entretien des cultures, comme les butteuses, les bineuses et les sarcleuses, se substituèrent aux instruments manuels.
Pour la récolte des fourrages, on quitta progressivement la faux et le râteau pour la faucheuse à barre de coupe et le râteau-faneur. Les moissons se firent à la javeleuse, puis à la moissonneuse-lieuse.
Jusqu'en 1945, ces engins restèrent tractés par les chevaux, les ânes ou les bœufs, et ce n'est qu'après la seconde guerre mondiale que l'usage du tracteur se répandit. Ce fut alors une véritable révolution. La puissance du tracteur permit l'emploi de machines agricoles de plus en plus lourdes et perfectionnées telles que la moissonneuse-batteuse.

Tracteur
Idéal pour tracter charrue, râteau ou encore chars de foin, moyen de transport, rapide et sans fatigue entre la ferme et les divers lieux d'activité… L'arrivée du tracteur dans les fermes révolutionna la façon de travailler des agriculteurs.

Battage du grain en Beauce
Au début du XXe siècle, le grain était parfois battu par une batteuse actionnée par une locomobile à vapeur. Plus tard viendront les batteuses à moteur à explosion.

Moissonneuse-lieuse
La moissonneuse-lieuse fauche le blé d'un côté et le met en bottes de l'autre. Elle détrôna la faux et la javeleuse, au grand soulagement des paysans.

Semoir
Le geste auguste du semeur disparut avec le semoir mécanique. Celui-ci présentait l'avantage de répartir les graines de manière plus régulière et donc plus économique.

Les céréales

À la campagne, les précieuses céréales étaient consommées par tout le monde : par les hommes comme par les animaux. Le blé, moulu en farine par le meunier, servait avant tout à fabriquer le pain, mais une partie des grains était destinée à l'alimentation de la volaille. Pour les chevaux, on faisait pousser l'avoine. Particulièrement énergétique, elle leur était distribuée au moment des gros travaux, lorsque les pauvres bêtes devaient redoubler d'efforts. On en versait alors un picotin dans un sachet qu'on leur attachait autour de la tête, et les chevaux consommaient les grains au fur et à mesure du labeur. La paille, récoltée après la moisson, servait de litière aux animaux. On ne se débarrassait pas non plus de la balle, la menue paille de l'avoine : elle servirait à confectionner les matelas. L'orge nourrissait les cochons ; passé au pilon, il rendait une farine grossière qui faisait le régal des poules. On ne mangeait plus guère de pain à base de seigle passé 1900. Tout comme le maïs, le seigle était destiné aux cochons.

Blé
Semé mi-octobre, le blé lève trois semaines plus tard et se récolte fin juillet de l'année suivante. Il sert, bien sûr, à fabriquer la farine, mais une partie de la production entre dans la nourriture de la volaille.

L'histoire des céréales

D'abord ramassées, puis cultivées, les céréales étaient à l'origine consommées grillées ou bien cuites à l'eau et mangées sous forme de bouillies et de soupes. La découverte de la fermentation fut une révolution : elle permit de fabriquer le pain, du moins pour les céréales panifiables que sont le froment, le seigle et l'épeautre (une variété de blé rustique à grains petits et noirs), et de préparer des bouillies fermentées liquides, sortes de bières mangeables peu alcoolisées et très riches en éléments nutritifs. En France, ce n'est qu'à partir du XIXe siècle que la consommation de céréales fut supplantée par celle des pommes de terre, puis par celle de la viande, des œufs et des produits laitiers. Jugées trop indigestes et peu intéressantes sur le plan nutritif, les céréales complètes étaient déconseillées par les médecins et il fallut attendre la fin des années 1970 pour qu'elles redeviennent populaires. Aujourd'hui, elles ont leur rayon au supermarché et figurent au menu du petit déjeuner des petits comme des grands.

Sarrasin
Originaire d'Asie où il pousse naturellement, le sarrasin ou blé noir apparaît en Europe au XIIe siècle. Il s'adapte aux terres acides et légères, ce qui permit à la Bretagne de le cultiver.

Égrenage du millet dans le Vaucluse
Probablement originaire d'Afrique, le millet est l'une des céréales les plus anciennes. En Europe, il est principalement destiné à l'alimentation des oiseaux.

Avoine
L'avoine est surtout cultivée à des fins fourragères. Elle se sème fin février et lève quinze jours plus tard. La moisson se fait en août.

Maïs
Semé au printemps, le maïs se récolte en septembre-octobre. Longtemps réservée au Sud-Ouest pour des raisons climatiques, la culture du maïs se pratique aujourd'hui dans la France entière grâce à l'amélioration de la résistance de l'espèce au froid.

Les plantes fourragères

Coupées dans les prairies ou récoltées dans les champs, les plantes fourragères données aux bêtes sont légion. Voici la luzerne et le sainfoin, qui poussent si facilement qu'ils autorisent plus de deux coupes par an ; le trèfle incarnat, rouge ou blanc ; la vesce et la fétuque. Les herbes à faucher portent parfois des noms bien singuliers : on coupe la houque molle, la houque laineuse, le brome des toits, la fléole des prés, l'agrostis jouet du vent, l'ivraie vivace, l'amourette, parfois appelée brize tremblante en raison de ses épillets tremblotants, le cynosure à crête… Toutes ces herbes poussent dans une même prairie mais ne parviennent pas à maturité en même temps : généralement, le paysan décide de la fauche lorsqu'il juge que la majorité des végétaux a atteint son développement. Contrairement aux prairies, les fourrages annuels ne font l'objet que d'une récolte par an. C'est le cas des navets, que l'on donne aux vaches, et des carottes blanches ou jaunes qui nourrissent les lapins et les chevaux. Coupées et mélangées à de la menue paille qu'elles imprégneront de leur jus, les betteraves fourragères sont particulièrement appréciées des vaches. Cuites, elles vont dans la pâtée du cochon.

Trèfle incarnat
Il se cultive à grande échelle dans les prés. C'est un excellent fourrage que les éleveurs font pâturer sur place au bétail et qu'ils remplacent l'année suivante par une autre plante.

Vesce
Cette plante grimpante croît naturellement dans les bois, les champs et les prés. On la donne au bétail et aux lapins, fraîche ou séchée. Autrefois reconnue pour ses vertus adoucissantes, on l'employait également comme plante médicinale.

Chargement de luzerne
Les outils et les gestes ont changé, mais la luzerne est toujours cultivée aujourd'hui.

Luzerne
La luzerne peut donner trois coupes par an. Dangereuse pour les bêtes lorsqu'elle est verte, on la leur donne uniquement à l'état sec.

Sainfoin
C'est l'une des meilleures plantes fourragères.
Excepté en Bretagne, on la cultive partout en France.
Le sainfoin est donné aux bêtes aussi bien séché que frais.

La pomme de terre

Proposez aux enfants des carottes ou des haricots verts : ils vous répondront qu'ils préféreraient manger des frites ou de la purée ! Pourtant, la pomme de terre mit très longtemps à s'imposer après son introduction en France au XVIe siècle. Difficile à digérer, insipide, farineuse, malsaine : la « plante du diable » fut rendue coupable de tous les maux, et le Parlement interdit même sa culture en 1748. Antoine Parmentier, qui avait étudié ses valeurs nutritives lors de son séjour en captivité près de Hanovre, décida de populariser le petit tubercule à yeux : il se fit introduire à la Cour, fit porter un bouquet de fleurs de pomme de terre à Louis XVI, qui l'accepta, et organisa un banquet où l'on ne servit rien d'autre que des pommes de terre. La Cour fut conquise et il n'y eut bientôt pas un paysan qui ne les cultivât.

Que la culture des pommes de terre est difficile ! Il faut creuser des sillons avant de les mettre en terre, planter, refermer les sillons, butter autour des plants, fumer la terre régulièrement, désherber souvent, arroser dès qu'il fait un peu sec, et surtout, débarrasser les plantes des limaces, des vers blancs et des doryphores, ces petits insectes à l'aspect si charmant qui se font un malin plaisir à ronger les fleurs et à grignoter les tubercules…

Galettes de pommes de terre

Pour 4 personnes : 600 g de pommes de terre lavées et épluchées ; 2 œufs ; 40 g de farine ; 20 cl de lait ; 1 oignon émincé ; un peu d'ail moulu, persil, huile, sel et poivre.

Commencez par couper les pommes de terre en gros morceaux.

Dans un autocuiseur, versez de l'eau, salez, mettez-y les pommes de terre et faites-les cuire pendant 10 minutes.

Égouttez-les, puis passez-les au mixeur pour obtenir une purée onctueuse. Versez la purée dans un saladier et faites un puits au centre.

Cassez les œufs dans un bol, puis battez-les en omelette et versez-la au centre du saladier avec le reste des ingrédients. Mélangez jusqu'à obtention d'une purée bien homogène.

Dans une poêle, versez une cuillère à soupe d'huile. Lorsque la poêle est chaude, mettez l'équivalent d'une grosse cuillère à soupe de purée et aplatissez. Retournez la galette dès qu'elle commence à dorer.

Réservez au chaud les galettes au fur et à mesure de la cuisson et servez-les avec une salade.

Vitelote

Cette pomme de terre très ancienne était la favorite d'Alexandre Dumas. Également appelée violette ou négresse, elle surprend par sa peau et sa chair violacées.

Triage des pommes de terre, dans l'Eure
Les pommes de terre sont triées en fonction de leur taille et de leur état. Les moins belles nourrissent le bétail.

Nicola
Voici une variété très productive, de grosseur moyenne, qui est reconnue seulement depuis 1983.

Roseval
Née du croisement entre les variétés Rose et Vale, cette pomme de terre à chair ferme séduit par ses qualités culinaires.

Charlotte
Cette pomme de terre à la chair tendre, qui reste malgré tout ferme après cuisson, est l'une des plus connues et appréciées.

Le jardin potager

En carré, coupé par deux grandes allées en croix, à l'image des jardins médiévaux, ou simplement en longueur, le jardin jouxtait généralement la maison ou les annexes, qui l'abritaient du vent. C'était avant tout un potager, composé des plantes dont on faisait la soupe quotidienne ou que l'on vendait sur les marchés.
En hiver, on semait les poireaux, les oignons et le céleri et on entreposait les fruits dans une cave froide pour les conserver. Mais dès le mois d'avril, on préparait le potager avec du fumier et du compost afin de pouvoir planter, quelques jours plus tard, les légumes-feuilles (salades, épinards), légumes-fruits (tomates), légumes-racines (carottes, betteraves), qui se récoltaient dans les semaines suivantes. Les plantes fortes ou aromatiques qui agrémentaient la cuisine avaient aussi leur place dans le potager, tout comme ces légumes impopulaires de nos jours que sont les topinambours et les rutabagas. Au fond du jardin, le verger composé de cerisiers, de pommiers, de fraisiers et, dans le sud de la France, de figuiers et grenadiers s'exposait au soleil. Gourmandes en eau ou en fumure, sensibles au gel, au soleil ou aux insectes, ces plantes avaient toutes leurs exigences et leurs fragilités. Alors, on s'armait de pelles, de bêches, de crocs à piocher, de râteaux et d'arrosoirs et on allait au jardin tous les jours effectuer des travaux adaptés à chacune d'elles et à chaque saison.

CONFITURE DE FRAISES

Lavez les fraises, que vous aurez choisies pas trop mûres.
Mettez-les dans une grande bassine à confiture, ajoutez un peu d'eau et faites cuire à feu doux jusqu'à ce que les fruits soient réduits en pulpe.
Ajoutez du sucre. Le poids de sucre et le poids des fraises doivent être équivalents.
Amenez doucement la confiture à la température souhaitée en ôtant l'écume qui se forme au fur et à mesure. La confiture prend généralement à 105 °C. Quand elle a pris, écartez la bassine du feu et laissez reposer 15 minutes. Puis transférez dans des bocaux tièdes stérilisés.
Fermez les bocaux tant qu'ils sont chauds afin d'éviter l'oxydation.

Tamisage de la terre
Le tamisage permet d'obtenir une terre fine, souple et propre, dénuée de graviers ou de cailloux, afin de faciliter les semis.

Ramassage des légumes
C'est tous les jours que l'on va au jardin. Pour travailler la terre, semer, arroser, récolter enfin…

Arrosage du jardin
Que faire l'été lorsque le ciel est avare de pluies, sinon s'emparer de l'arrosoir pour réhydrater les légumes ?

Scène de marché à Arles.
Page précédente : les ménagères fabriquaient jadis elles-mêmes leur pain. Elles le faisaient cuire à domicile lorsqu'elles disposaient d'un four à pain ou le portaient au four communal.

Les produits de la ferme

La richesse et la diversité des terroirs français ont valu aux fermiers de développer au fil des siècles une large gamme de produits agricoles : voici le cidre de Bretagne et de Normandie, le foie gras du Sud-Ouest, l'huile d'olive de Provence, les châtaignes des Cévennes, etc. Issus des ressources de l'exploitation, ces produits se fabriquaient de manière artisanale et familiale. Les paysans se réservaient une partie de la production pour leur consommation personnelle et acheminaient le reste sur les marchés des villages et des bourgs alentour.

C'est dans le pressoir, dont étaient jadis dotées de nombreuses fermes normandes et bretonnes, que se faisait le cidre. Les pommes étaient tout d'abord écrasées dans le tour à piler, au moyen d'une meule en bois actionnée par un bœuf ou un cheval. Les fruits macéraient ensuite huit heures dans une cuve, puis on procédait à l'extraction du moût à l'aide du pressoir dit « à bras long » ou « à longue étreinte », en raison de son manche immense au bout duquel tournait une grande vis en bois. On plaçait alors dix couches de pommes séparées par des lits de paille sur la « maie » du pressoir et on les coiffait de billots de bois. On actionnait alors la vis afin de bien écraser les pommes sous le bras du pressoir. Le jus s'écoulait par une rigole dans des barils en châtaignier. On le laissait ensuite décanter, puis on le transvasait dans les futailles de la cave en vue de sa fermentation. Le pur-jus, celui de la première mouture, faisait le cidre bouché, que l'on destinait à la vente ; pour sa consommation courante, le paysan utilisait le jus issu d'une seconde presse, obtenu en ajoutant de l'eau.

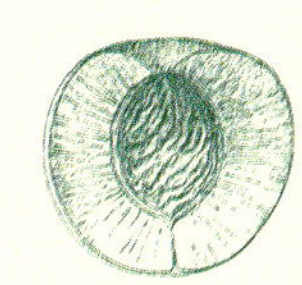

L'élevage des oies et des canards a tôt fait du foie gras l'une des spécialités du Sud-Ouest. Les fermières achetaient au marché des oisons au printemps et commençaient à les engraisser à l'automne. Le gavage durait un mois. Trois fois par jour, la « gorgeuse », maintenant la tête de la bête, introduisait un entonnoir dans le gosier de la volaille et y versait du maïs mêlé à de la graisse et à de l'eau. Lorsque l'oie refusait d'avaler, elle poussait le grain avec un bâton au bout arrondi et poli. Après quatre semaines, la bête était devenue si lourde qu'elle ne marchait plus qu'avec peine ; c'est quand elle ne pouvait plus se lever qu'elle était prête à être sacrifiée. L'oie révélait alors un foie volumineux pesant entre 600 et 1 500 grammes. Le foie se consommait frais ou bien il était conservé, sous forme de terrines et de pâtés. Les foies gras se négociaient sur les marchés de « gras » aux environs de la Sainte-Catherine, vers le 25 novembre, et cette coutume perdure de nos jours. Autre grand classique de la région : le confit d'oie. On conservait traditionnellement la volaille dans la graisse de sa cuisson, à laquelle on mêlait un complément de panne de porc.

La châtaigne constitua l'aliment de base des Cévenols jusqu'à un passé très récent. La récolte, en automne, se faisait en famille, et les enfants n'allaient pas à l'école tant qu'elle n'était pas terminée. Une fois sorties de leur bogue, on pouvait les consommer fraîches, mais la plupart étaient portées au séchoir, appelé clède en Ardèche, annexe indispensable de la maison cévenole. C'était un petit bâtiment situé à l'écart de l'habitation, construit sur deux niveaux. Sur le plancher de l'étage, à claire-voie, on étalait les châtaignes, qui y séchaient sous l'action du feu allumé au rez-de-chaussée. Au bout de trois semaines, les châtaignes séchées étaient débarrassées de leur peau, long travail réalisé à la veillée. Ainsi préparées, les châtaignes entraient dans la composition des bouillies, des soupes, etc. Réduites en farine, elles servaient aussi à préparer des galettes et des beignets ; mélangée à de la farine de blé, la farine de châtaigne se prêtait même à la fabrication du pain.

La châtaigne est restée un produit du terroir cévenol. Si elle ne nourrit plus au quotidien les paysans de la région, elle représente encore, dans certains cantons, plus de 60 % du revenu des agriculteurs.

En Provence, où l'olivier pousse spontanément, l'huile d'olive est devenue un produit phare. Elle se faisait traditionnellement dans les moulins à eau qui parsèment aujourd'hui encore la région. Les paysans y apportaient leurs fruits au moulinier. La première étape consistait à broyer les olives qui, sous l'action d'une meule, formaient une pâte au

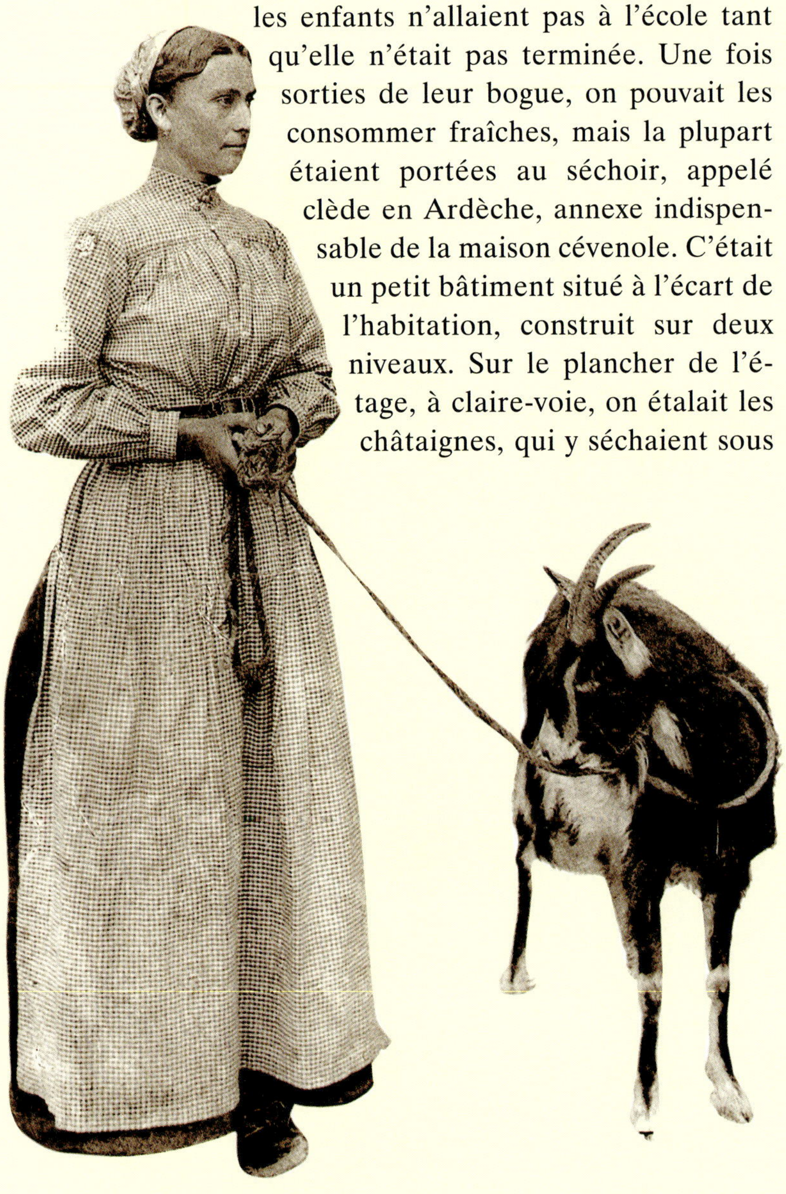

En plus d'être attendrissante, la chèvre produit un lait précieux qui fait les fromages exquis que nous connaissons. Nombre de fermes étaient autrefois dotées d'une laiterie où les fermières fabriquaient leurs fromages.

De longues tiges d'osier et un bon tour de main sont requis pour réaliser un panier de voyage comme celui-ci. La vannerie était un métier à part entière, mais il n'était pas rare que les ménagères confectionnent elles-mêmes les paniers d'usage courant.

La Normandie, fief des pommes, pays du cidre…
Une fois récoltés, les fruits sont conservés sur de grandes aires en extérieur ou en intérieur avant d'être portés au pressoir.

Le filage du lin et du chanvre occupait les femmes pendant les veillées. De ce travail, elles tiraient le fil que les doigts agiles du tisserand transformeraient en toile.

bout de deux ou trois heures. Celle-ci était récupérée puis déposée dans des scourtins, sortes de paniers plats en forme de béret basque. Ces scourtins étaient empilés sous le pressoir du moulin que l'on actionnait au moyen d'une manivelle, le cabestan. L'huile vierge s'écoulait alors dans un récipient, le conquet. La meilleure huile était celle de la première mouture. On la pressait généralement une deuxième puis une troisième fois : l'huile de la première presse était destinée à la vente, tandis que les paysans se réservaient l'huile de qualité inférieure. D'une quatrième presse résultait une huile d'éclairage, qui fut utilisée dans les maisons provençales pendant plusieurs générations.

C'est dans la région agenaise, où le prunier bénéficie d'un ensemble de conditions climatiques particulièrement favorables, que la production de pruneaux fut la plus abondante. La déshydratation des prunes se faisait dans des étuves prévues à cet effet, mais un grand nombre de paysans se contentaient d'exposer les prunes au soleil sur des claies d'osier puis achevaient de les sécher au four, après la cuisson du pain.

En face de ces produits typiquement régionaux, les fermes en fabriquaient d'autres, répandus, ceux-là, sur tout le territoire : citons le beurre, le pain et, en maints endroits, le vin et le fromage.

Du lait au beurre

S'il était destiné à la vente ou à l'autoconsommation, le lait des vaches servait également à fabriquer le beurre. Ce travail, qui n'a rien de difficile en soi, était jadis effectué par toutes les fermières.
Après la traite, le lait était versé dans un vaste récipient et laissé au repos le temps que la crème remonte à la surface. Prélevée à l'aide d'une cuillère, la crème était ensuite déposée dans une jarre au couvercle percé d'un trou, la baratte : la fermière y enfonçait un bâton, qu'elle soulevait et abaissait jusqu'à ce que le beurre se forme.
Des barattes plus modernes en forme de caisse étaient mues par une manivelle. Durcie, la motte de beurre était rincée à l'eau puis placée dans un plat creux et pétrie de manière à en extraire le petit-lait.
Elle était conservée telle quelle, ou bien coupée en briques dans un moule en bois. Rond ou rectangulaire, celui-ci était généralement sculpté d'ornements représentant des fleurs, une vache ou encore un épi de blé, donnant à la brique une apparence de sculpture en relief. Ces motifs étaient un moyen pour la fermière de personnaliser sa production.

Moules à beurre
Souvent joliment décoré, le moule permettait à la fermière de singulariser sa production et de presser une dernière fois le beurre pour l'égoutter.

LE BEURRE AUX FLEURS

Quantités de fleurs se prêtent à la cuisine : les pétales des pensées, des violettes, de certaines roses, des œillets, des chrysanthèmes et des capucines donneront un parfum particulièrement délicat à votre beurre.
Huit cuillères à soupe de pétales suffisent pour une demi-livre de beurre. Commencez par faire ramollir le beurre et étalez-le sur une feuille de papier d'aluminium. Hachez finement les pétales, mélangez-les au beurre puis roulez le papier d'aluminium et laissez reposer quelques jours au réfrigérateur. Vous pourrez servir le beurre en tranches ou découpé avec des emporte-pièces sur du riz ou des légumes. Si vous envisagez d'utiliser du beurre aux fleurs pour faire un dessert, préférez les fleurs sucrées aux fleurs épicées.

Baratte moderne
Constituée d'un tonnelet monté sur un axe, cette baratte peut être actionnée par une manivelle ou un moteur. Le barattage se fait au moyen d'un agitateur intérieur.

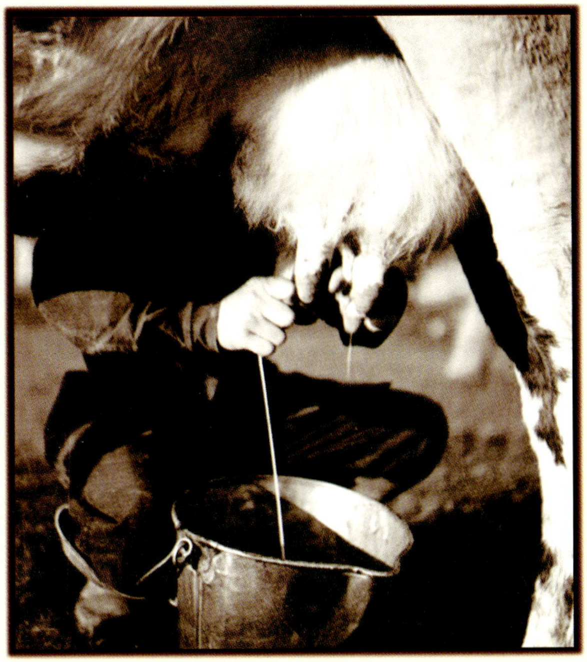

Traite

Une fois le seau rempli, le lait sera filtré et mis en bidons. Les fermiers en conservaient une partie pour la consommation familiale, une autre était destinée à la vente, mais le plus gros de la production servait à la fabrication du beurre.

Baratte avec jarre en grès

La fermière agite le batteur jusqu'à ce que la crème se solidifie. L'opération dure environ une demi-heure.

Le fromage

Il s'est toujours fabriqué une grande diversité de fromages en France, et tous les fermiers possédant quelques vaches ou un troupeau de brebis ou de chèvres produisaient autrefois les leurs.
La première étape de la fabrication consistait à faire cailler le lait, entier ou écrémé selon les régions. La coagulation pouvait se faire naturellement en le laissant simplement vieillir, ou bien en ajoutant de la présure, une enzyme issue de l'estomac du veau. Chauffé, le lait formait au bout de quelques minutes une sorte de gelée blanche : c'était le caillé, que la fermière découpait, chauffait ou non selon le fromage désiré, puis pressait dans un moule de manière à en extraire le petit-lait. Venaient ensuite le salage, effectué dans un bain de saumure ou par saupoudrage, puis l'égouttage et, excepté pour les fromages frais, l'affinage. De l'importance du pressage, de la durée du salage et de celle de la maturation allaient dépendre la qualité et l'espèce du fromage.
Chaque région avait sa spécialité : le camembert se produisait dans les fermes normandes ; le gruyère, en Savoie, en Franche-Comté et dans les Vosges ; le Brie, en Île-de-France…

LES HUIT FAMILLES DE FROMAGES

- **Les fromages frais ou blancs** : ils sont peu égouttés et non affinés.
- Les pâtes molles à croûte fleurie : les pâtes sont non cuites et peu pressées. Pendant la maturation, une moisissure, la « fleur », se développe en surface (camembert, coulommiers, brie…)
- Les pâtes molles à croûte lavée : ces fromages sont lavés et brossés au cours de l'affinage (livarot, munster, pont-l'évêque, maroilles…)
- Les fromages de chèvre : contrairement aux autres familles, celle-ci se distingue par son lait, et non par son mode de fabrication (chabichou, crottin de Chavignol, picodon, pélardon…)
- Les pâtes persillées : le caillé est ensemencé d'un champignon, le pénicilium (roquefort, bleu d'Auvergne, bleu des Causses, fourme d'Ambert…)
- Les pâtes pressées non cuites (tomme, cantal, saint-nectaire, laguiole, reblochon…)
- Les pâtes pressées cuites (comté, emmental, beaufort…)
- Les fromages fondus : ils sont issus de la fonte des fromages à pâte pressée.

Laiterie traditionnelle
Dans cette laiterie auvergnate, les fermiers fabriquent le fromage le plus réputé de la région : le cantal.

CARTE DES FROMAGES FRANÇAIS

Fromages de chèvre, de brebis ou de vache, à pâte molle, persillée ou pressée : la France peut se targuer d'être le premier producteur mondial de fromages en quantité et en diversité.

Le pain

Au début du XXe siècle, quelques boulangers ambulants faisaient le tour des villages en début de matinée, mais la plupart des ménagères continuaient à fabriquer elles-mêmes leur pain. Ce travail réclamait un bon tour de main.
Dans une huche, la fermière commençait par mélanger avec de l'eau et de la farine le levain qu'elle avait conservé de la dernière cuisson. Elle pétrissait, brassait la pâte et la frappait jusqu'à ce qu'elle s'amollisse et ne colle plus aux mains.
Au moyen d'une palette en bois, elle la divisait en pâtons qu'elle disposait dans diverses corbeilles saupoudrées de farine, en paille tressée ou en osier : les pannetons longs recevaient les pains et les corbeilles rondes, les miches. La ménagère recouvrait les récipients d'un linge et laissait reposer les pâtons afin qu'ils prennent un peu de volume. Restait ensuite à les mettre au four et à les fendre légèrement de manière à aérer la mie.
Les fours individuels se rencontraient dans la majorité des chaumières. Toutefois, quelques habitants faisaient encore cuire leur pain dans le four communautaire du village.

PAIN AU MAÏS

Ingrédients : 225 g de farine de froment, 225 g de farine de maïs, 15 g de levure chimique, 1 cuillère à café de sel, 1 cuillère à soupe de sucre, 1 pincée de safran, 40 g de beurre, 30 cl de babeurre ou de lait, 1 œuf.
Cuisson : 20 à 25 minutes au four, thermostat 6.
Commencez par mélanger les farines, la levure, le sel, le sucre et le safran. Faites fondre le beurre. Ajoutez-le à la préparation, versez le babeurre et l'œuf battu. Mélangez le tout et versez dans un moule à cake beurré. Enfournez. Laissez le pain refroidir avant de le couper.
Ce pain à la mie légère et aérée, d'une belle couleur dorée, est délicieux servi avec du foie gras.

Four en Auvergne
Les paysannes ont recouvert leurs corbeilles d'un linge pour que la pâte puisse lever. Avec son long manche, la pelle plate en bois permet d'enfourner et de défourner les pains en toute sécurité.

Four communal en Auvergne
Lorsqu'on n'a pas la chance d'avoir un four à pain chez soi, on n'a guère d'autre choix que d'attendre son tour devant le four communautaire du village…

Pétrissage de la pâte
La grande huche en bois où la pâte était pétrie faisait partie de l'équipement de toutes les ménagères.

La vigne et le vin

Lorsque le mois d'octobre approchait, il était temps pour les vignerons de se préparer aux vendanges. L'âne ou le cheval était attelé, et les coupeurs, munis de couteaux, de serpettes ou de sécateurs, se dirigeaient vers la pièce de vignes. La besogne durerait plusieurs semaines dans les grands vignobles et un jour ou deux seulement dans les petites propriétés : pour ces modestes vignerons, le jour des vendanges ressemblait davantage à une journée de fête. On commençait par cueillir délicatement le raisin, en triant les grains un à un pour éliminer les plus tachés. La récolte était déposée dans un panier et dès que celui-ci était rempli, son contenu était versé dans une hotte, que les plus vigoureux portaient sur le dos. Charrié à la ferme, le raisin était ensuite foulé à l'aide d'un pilon, à la main ou simplement avec les pieds. Le moût était versé dans les cuves au cellier jusqu'à fermentation et quelques jours plus tard, on le transvasait dans des tonneaux. Le marc résiduel était porté au pressoir : il en sortait un liquide épais, que l'on mêlait au vin mis en fûts. Après plusieurs années de décantation, le vin arrivé à maturité serait filtré et prêt à vieillir en bouteilles.

Tassage du raisin
Au moyen d'un pilon, le vigneron foule sur place les grains de raisin pour obtenir le moût.

Vendanges
Pourquoi se priver de fruits bien mûrs et bien sucrés lorsque la récolte promet d'être belle ?

LES CÉPAGES ROUGES PAR RÉGION

Alsace : Pinot noir, Pinot Meunier, Gamay
Beaujolais : Gamay, Pinot noir, Pinot gris
Bordelais : Merlot, Malbec, Cabernet-Sauvignon, Cabernet Franc
Bourgogne : Pinot noir, Gamay, Pinot gris, Pinot Beurot, Pinot Liebault
Champagne : Pinot noir, Trousseau, Poulsard
Corse : Nielluccio, Sciacarello, Cinsault, Syrah
Jura : Pinot noir, Trousseau
Languedoc-Roussillon : Cinsault, Mourvèdre, Grenache, Carignan, Syrah, Cabernet-Sauvignon
Provence : Grenache, Syrah, Mourvèdre, Cinsault, Folle Noire, Cabernet-Sauvignon
Rhône : Grenache, Syrah, Mourvèdre, Carignan, Cinsault, Terret Noir
Savoie : Gamay, Pinot noir, Mondeuse
Sud-Ouest et Pyrénées : Merlot, Cabernet Franc, Merlot, Négrette, Malbec, Cabernet-Sauvignon
Val de Loire : Cabernet Franc, Gamay, Pineau d'Aunis, Pinot noir, Cabernet-Sauvignon

Pressoir, en Sologne
Une fois le vin fermenté, on portait au pressoir le marc résiduel formé par la rafle afin d'obtenir le vin de presse.

La distillation

Chaque année, à l'automne, les distillateurs ou « bouilleurs » ambulants installaient leur alambic sur la place des villages. Leur venue était toujours un événement. Les familles apportaient leurs bûches et leurs fruits ou le marc de raisin que le pressage, après les vendanges, n'avait pas totalement épuisé.
Généralement en cuivre, l'alambic comportait deux corps, une chaudière sur trépied et une seconde cuve, reliées entre elles par un col de cygne. La distillation consistait en premier lieu à chauffer le marc dans la chaudière : de cette opération, il ressortait la « repasse », une substance parfaitement inconsommable. Celle-ci était alors versée dans le second alambic, où elle était de nouveau distillée. Cette fois, l'eau-de-vie qui en résultait était à peu près buvable…
Autrefois, les producteurs fruitiers jouissaient du privilège de bouilleur de cru, droit transmissible de père en fils. Ils étaient autorisés à faire distiller une partie de leur production et à fabriquer un maximum de vingt litres d'eau-de-vie à cinquante degrés par an. Ce droit disparut en 1953, et les bouilleurs ambulants se firent de plus en plus rares.

Fabrication du kirsch, dans les Vosges
Quel plaisir de fabriquer soi-même son eau-de-vie… Ici, le paysan filtre le kirsch distillé.

LIQUEUR D'ABRICOTS

Ingrédients : 1 kg de beaux abricots, 1 bâton de cannelle, une demi-cuillère à café de noix muscade râpée, 1 litre d'alcool pour fruits, sirop de sucre.
Lavez et dénoyautez les abricots, et conservez une dizaine de noyaux. Coupez les fruits en morceaux et mettez-les dans un grand bocal. Cassez les noyaux de manière à récupérer les amandes. Broyez celles-ci et versez-les dans le bocal avec la cannelle, la noix muscade et l'eau-de-vie. Fermez le bocal et attendez deux ou trois mois. Filtrez alors le tout et rajoutez du sirop de sucre selon votre goût. Mettez en bouteilles et laissez vieillir quelques semaines… Bonne dégustation !

Alambic
L'alambic est constitué de deux cuves en cuivre, reliées entre elles par un col de cygne. L'eau-de-vie n'est buvable qu'après une double distillation.

Bouilleur en Normandie

Nombreux autrefois, les distillateurs ambulants se raréfièrent à partir de 1953, lorsque, au nom de la lutte contre l'alcoolisme, le privilège de bouilleur de cru disparut.

Chargement de l'alambic

Les cerises fermentées sont versées dans l'alambic en vue de la préparation du kirsch.

Le travail du chanvre, du lin et de la laine

Des siècles durant, les femmes filèrent le chanvre et le lin. Elles récupéraient la matière sous forme de filasse et la transformaient en fil. Mis en écheveaux, le fil était apporté au tisserand du village, vendu au poids ou échangé contre de la toile dont elles feraient les chemises, les nappes et les draps. Quant à la laine, à moins qu'elles n'aient quelques moutons à tondre, elles l'achetaient brute auprès d'un tapissier. Il leur fallait d'abord la nettoyer en enlevant à la main la paille ou les débris végétaux, puis la démêler à l'aide d'une carde.
À partir de la laine filée, puis pelotée, elles confectionnaient des tricots en tout genre et des couvertures.
Le filage de la laine, comme celui du chanvre et du lin, s'effectua à l'origine avec une quenouille et un fuseau : la fileuse fixait les fibres sur la quenouille, tige de bois terminée par une tête, puis les étirait, les tordait et les enroulait sur le fuseau.
Ces instruments ne permettaient pas de produire beaucoup de fil et furent avantageusement remplacés par le rouet, pièce en bois composée d'une bobine autour de laquelle s'enroulait le fil, et d'une roue mue par une pédale.

Femme filant à la quenouille
La paysanne tire la filasse de la quenouille qu'elle tient serrée sous son bras gauche, tord le fil et l'enroule de sa main droite autour du fuseau. À la quenouille, une bonne fileuse produisait cinquante mètres de fil à l'heure.

Vieilles femmes landaises pelotant la laine
Une fois débarrassée des débris végétaux, la laine brute était démêlée, filée, et enfin mise en pelote.

Le filage, activité d'intérieur
Le filage permet de surveiller les animaux et de veiller sur les anciens.

Femme filant au rouet
La roue est ici actionnée par une manivelle, ce qui ne permet pas de travailler les deux mains libres, contrairement aux rouets plus perfectionnés mus par une pédale.

LE CHANVRE : DE LA PLANTE AU FIL

Le chanvre se sème en février-mars et arrive à maturité en été, où il dégage une odeur âcre et forte. C'est alors qu'il est récolté. Il est mis en bottes, exposé à l'air, puis roui : on le plonge dans l'eau pour détruire la gomme résineuse qui colle les fibres de la plante les unes aux autres. Une fois cette partie résineuse dissoute, on laisse le chanvre sécher, puis on le teille : cela consiste à le casser à la main pour en isoler les filaments. La fibre lisse qui en résulte est passée au séran, une planche munie de pointes de fer servant à démêler et à assouplir la filasse, qui à son tour deviendra fil sous les doigts habiles de la ménagère. La culture du chanvre et du lin déclina progressivement au cours du XIXe siècle, avec l'essor de l'industrie cotonnière.

La vannerie

Corbeilles à pain, à couture ou à linge, vans, panetons, paniers de toutes les tailles et de toutes les formes : ces objets d'usage quotidien étaient jadis « faits maison ». Seuls les hottes et quelques autres articles volumineux ou décoratifs s'achetaient auprès des vanniers professionnels.
La vannerie se faisait à partir de l'osier, que les paysans, pour peu qu'ils fussent installés près d'un étang, d'un marais ou d'une rivière, allaient récolter eux-mêmes. L'osier employé pouvait être vert ou blanc, auquel cas il était écorcé et coupé en fines lames. La confection d'un simple panier réclamait une grande dextérité. Lier, nouer, tresser : excepté un couteau, nul outil n'était nécessaire et tout le travail se faisait à la main. La ménagère commençait par assembler quelques branches longues et fines, qu'elle pliait en prenant soin de ne pas les briser, et tressait le fond en insérant d'autres branches plus courtes. Elle assemblait d'autres tiges les unes après les autres pour monter les côtés puis tressait un bord solide et nouait une anse au panier. Avec l'habitude, le travail avançait vite…

Paniers
Ronds ou rectangulaires, avec ou sans couvercle, à une ou deux anses, en osier vert ou blanc : les paniers se prêtaient à toutes les configurations.

Chargement des vanneries
Ses corbeilles, malles, cageots, hottes et paniers empilés sur la voiture, ce vannier professionnel s'apprête à faire le tour du canton pour livrer sa marchandise.

Tressage

Patience et minutie sont les deux mots d'ordre de la vannière… Confortablement installée à l'ombre d'un muret, la paysanne confectionne un panier avec ses deux mains pour seuls outils.

Récolte de l'osier

C'est à l'automne que l'osier est bon à couper. Les oseraies les plus importantes se situent dans l'Aisne, dans les Ardennes, en Haute-Marne, en Gironde et en Meurthe-et-Moselle.

LA CHANSON DU VANNIER

Brins d'osier, brins d'osier,
Courbez-vous assouplis sous les doigts du vannier.
Brins d'osier, vous serez le lit frêle où la mère
Berce un petit enfant aux sons d'un vieux couplet :
L'enfant, la lèvre encor toute blanche de lait,
S'endort en souriant dans sa couche légère.
Brins d'osier, brins d'osier, […]
Vous serez le panier plein de fraises vermeilles
Que les filles s'en vont cueillir dans les taillis.
Elles rentrent le soir, rieuses, au logis,
Et l'odeur des fruits mûrs s'exhale des corbeilles.

André Theuriet

Le marché

Marchés ressemblant à d'immenses bazars, marchés aux grains, aux légumes, aux volailles ou aux fruits, annuels ou saisonniers, hebdomadaires ou quotidiens : les marchés étaient le lieu où les paysans effectuaient la majorité de leurs transactions commerciales.
Traditionnellement, la vente des produits de la ferme revenait aux femmes. Aller au marché était l'occasion de sortir de chez soi et surtout de recueillir un peu d'argent, avec lequel on achèterait de la filasse, des vêtements et autres objets à usage domestique. De ce fait, les fermières n'hésitaient pas, paniers au bras, à faire plusieurs kilomètres à pied pour offrir des lapins, des poules, des œufs, des bouquets garnis, du lait et des fromages et, selon la saison, les légumes et les fruits de leur jardin.
Elles louaient leur place pour quelques sous auprès du garde champêtre et haranguaient, aux côtés des marchands professionnels, les clients venus comme elles des villages alentour.
Si quelques communes pouvaient s'enorgueillir de leurs halles, la plupart des marchés n'étaient pas abrités et se tenaient sur la place principale des bourgs.

Marché des primeurs
Ce marché provençal touche à sa fin.

Marché à Chambéry
Le jour du marché, la place principale des bourgs de campagne se métamorphose en un immense bazar.

Foire aux melons de Cavaillon
On ne trouvera ici rien d'autre que des melons… Pour éviter que les fruits ne s'échauffent et se gâtent, les marchands les ont protégé avec de la frisure.

PASTORE CADET
PARAPLUIES VANNERIE
ABAT-JOUR
CAGES
STORES EN BOIS

LA VIE DOMESTIQUE

Les animaux font partie de la famille… Page précédente : les distractions étant fort rares à la campagne, il en fallait peu pour que les visages s'égayent… un petit air d'accordéon, et tout le village est de sortie !

La vie domestique

*Au quotidien, les gens de la campagne menaient une vie simple.
La position souvent isolée des villages rendant rares et difficiles les relations avec l'extérieur, ils avaient pris coutume de vivre repliés sur eux-mêmes et comblaient leur solitude et ce manque d'ouverture en maintenant des contacts permanents avec leur entourage, leurs proches, leur voisinage. Les repas copieux du dimanche, les parties de quilles ou de boules sur la place du bourg, le bal de fin de semaine, etc., étaient autant d'occasions de se retrouver entre parents ou entre personnes issues de la même communauté.
Car le village apparaissait lui-même comme une grande famille, unie par des valeurs et des préoccupations communes, par les mêmes croyances, les mêmes traditions, un même patois.*

Les habitants se connaissaient tous et avaient à cœur de multiplier les échanges et les réunions. L'hiver, après le souper, on ne manquait jamais de faire la veillée, qui rassemblait une dizaine de personnes autour d'un feu ou dans une étable où l'on profitait de la chaleur animale : « Dès sept heures, après le dîner, les Fouan, Buteau et Jean étaient allés, dans l'étable, rejoindre les deux vaches que Rose devait vendre. Ces bêtes, attachées au fond, devant l'auge, chauffaient la pièce de l'exhalaison forte de leur corps et de leur litière ; tandis que la cuisine, avec les trois maigres tisons du dîner, se trouvait déjà glacée par les gelées précoces de novembre. Aussi, l'hiver, veillait-on là, sur la terre battue, bien à l'aise, au chaud, sans autre dérangement que d'y transporter une petite table ronde et une douzaine de vieilles chaises. Chaque voisin apportait la chandelle à son tour ; de grandes ombres dansaient le long des murailles nues, noires de poussière, jusqu'aux toiles d'araignée des charpentes ; et l'on avait dans le dos les souffles tièdes des vaches, qui, couchées, ruminaient. » La veillée, ici évoquée par Zola, permettait enfin, après le labeur de la journée, de partager un moment de répit pour échanger de menus propos, se raconter des contes, des légendes, se remémorer les événements qui, par le passé, avaient marqué la région. On se contentait en somme de plaisirs assez simples. Ceux de la table tenaient une place privilégiée et l'on saisissait toutes les occasions de se rassembler autour de repas plantureux : on organisait des dîners pour célébrer la fin de la moisson, de la fenaison et des vendanges ; pour les repas de noces, qui réunissaient souvent pas moins de cent personnes, on restait attablé des heures durant à déguster des mets dont la richesse et la variété pouvaient surprendre.

La description que fait Eugène Le Roy d'un de ces banquets donne une idée de leur teneur : « Quand nous fûmes assis tous, ma foi, ça faisait une belle tablée. Ceux qui avaient les soupières en face d'eux servirent la soupe et on se mit à manger de bon appétit, car il était déjà midi. Après la soupe, on apporta le bouilli de chez nous : de la velle avec des poules qui avaient le ventre plein de farce jaune.
[...] Après le bouilli, on apporta des tourtières pleines d'abattis de dinde, de salsifis et de boulettes de hachis, et en même temps des poulets en fricassée.
Puis, après, on servit de la daube de bœuf.
[...] Ensuite de ça, les femmes portèrent deux grosses têtes de veau dans leur cuir, avec un bouquet de persil dans la bouche [...]. Avec une sauce au vinaigre, ça remettait un peu en goût de manger, aussi on ne laissa que les os des têtes.
Puis après, on servit des canards farcis et des fricandeaux.
[...] Il y eut un petit moment de repos, et chacun devisait joyeusement en trinquant, pour ne pas rester sans rien faire, quand tout à coup les femmes portèrent trois gros dindons rôtis, et ma foi, tout le monde les regarda avec plaisir.
[...] Pour la desserte, on couvrit la table de tourtes aux prunes, aux pommes, de massepains, de gaufres et de fruits : poires, pommes, raisins, noisettes, est-ce que je sais ? et avec ça, de grands saladiers de crème. On n'avait pas oublié non plus de ces grandes tartelettes qu'on appelle des oreilles de curé, je ne sais pourquoi, et qu'on casse d'un coup de poing sur les assiettes ; c'est sec, ça ne coule pas aisément, et il est forcé de boire dur en mangeant.
On porta enfin le café, et pour quelques-uns qui étaient là, c'était une chose rare. Quand on eût fait force brûlots, rincettes, surrincettes avec de l'eau-de-vie du pays et pris du cognac, mon oncle alla chercher une grande bouteille de pinte et dit :

Ces jolies coiffes berrichonnes témoignent de l'inventivité et de l'habileté des dentellières de jadis. Avant que les campagnes ne sortent de leur isolement, et que les styles ne s'uniformisent à travers la France, chaque province développa son propre style d'habillement.

— Voici de l'eau-de-vie faite par mon grand-père il y a de ça quarante-cinq ou six ans. Je l'ai gardée depuis longtemps pour cette occasion.
[...] Et après avoir trinqué et bu, nous fûmes nous promener le long de la rivière, ce qui ne faisait pas de mal après être restés à table cinq heures d'horloge. »
Le terme « loisir » n'existant pas, tout ce qui pouvait agrémenter le quotidien était matière à célébrations. On fêtait le retour du printemps avec le Carnaval, le solstice d'été avec le feu de la Saint-Jean. Par tradition, par conviction religieuse aussi, on n'omettait jamais de participer aux fêtes calendaires, et l'on attendait avec impatience la fête patronale qui se tenait chaque année au village, avec ses forains, ses comédiens ambulants, son feu d'artifice, ses jeux et son bal. C'est dans cet univers-là, celui du divertissement et de la fête, que les

villageois faisaient revivre leurs coutumes, que les différences entre les régions se faisaient jour : on revêtait les costumes, les coiffes de son pays, on pratiquait les jeux que ne connaissaient pas les contrées voisines, on s'égayait au son des musiques traditionnelles. Aujourd'hui, la Bretagne, la Normandie, la Provence, le Languedoc et les contrées pyrénéennes comptent parmi les provinces qui ont le plus persévéré à retenir les coutumes et les habitudes de leurs aïeuls.

Parmi les valeurs paysannes, la famille occupe une place prépondérante.

Ces femmes bretonnes s'activent autour de leurs chaudrons en vue d'un repas de noces. Le travail ne manque pas, car 2 000 convives sont attendus !

Les repas

Que mangeait-on, d'ordinaire, à la campagne ?
Variant suivant les régions, la soupe se consommait midi et soir. À midi, elle était suivie de légumes au pot-au-feu mêlés à de la viande de porc bouillie. Le soir, on servait la soupe restant du midi, que l'on avait gardée au chaud sous les cendres ou sous un édredon, et à laquelle on ajoutait souvent du pain. Venait ensuite un ragoût de pommes de terre au lard ou une omelette, et l'on terminait par un morceau de fromage, voire de la salade et des fruits de saison.
Ces repas, simples et peu variés au quotidien, se transformaient en véritables festins lors des réunions familiales ou des fêtes : on servait les produits de la tue-cochon, au pot-au-feu succédaient une fricassée, puis du veau en sauce ou un rôti de porc. Jour de fête ou jour de travail, le repas s'accompagnait invariablement de vin de pays. La vaste cheminée de la salle commune était un des lieux clés de l'alimentation quotidienne : on y faisait frire, rôtir ou griller la viande ; le lard, les saucisses, les jambons y étaient mis à sécher et à fumer ; à la crémaillère, accrochée au fond de l'âtre, était suspendue la marmite en fonte, où mitonnait le ragoût ou la soupe ; sous les cendres cuisaient les pommes de terre.

Souper en famille
Petits et grands ont tous droit à la bonne soupe faite avec les légumes du jardin…

Repas de moissonneurs
Lors des gros travaux, les paysans ne rentrent pas déjeuner à la ferme. Le casse-croûte sera vite avalé sur place, car le temps presse.

Scène de famille
Les hommes sont rentrés des champs et les femmes continuent de s'affairer. Tandis que la mère brosse le linge, l'aînée des filles épluche les légumes.

Repas du soir en Bretagne
Une vaste cheminée où la ménagère fait la cuisine, un service en faïence blanche posé sur une grande table en bois, une bougie pour s'éclairer : une scène d'intérieur typique du début du siècle dernier.

LA POULE-AU-POT

Mettez dans une cocotte 4 ou 5 litres d'eau et des légumes pour un pot-au-feu : choux, carottes, navets. Ayez une poule de grosseur moyenne et environ une livre de jambon fumé. Prenez le foie, le cœur et le gésier de la poule, une demi-livre de pain rassis, 200 g de jambon, 2 ou 3 branches de persil et d'estragon, 1 gousse d'ail ; hachez le tout ensemble. Ajoutez 2 œufs à la préparation et mêlez bien le tout. Ajoutez du sel et du poivre, et bourrez la poule de cette farce. Bridez-la bien serrée et mettez-la dans la cocotte avec les légumes en ébullition ; laissez bouillir à petit feu pendant 3 heures environ. Ajoutez du jambon au cours de la deuxième heure seulement, pour qu'il ne soit pas trop cuit.

Les enfants

En semaine, les enfants allaient à l'école, bien sûr, qui avait été rendue obligatoire en 1881, et l'instruction se poursuivrait jusqu'à ce qu'ils obtiennent leur certificat d'études.
Ce qui ne les empêchait pas, dès leur plus jeune âge, d'aider leurs parents à la maison et aux champs. À peine étaient-ils rentrés de l'école qu'on leur demandait de s'occuper de leurs cadets, de mettre en pelote la laine, de ramasser et d'ensacher les pommes de terre : les petites mains, comme celles des adultes, ne restaient jamais inactives. Pour s'amuser, il fallait attendre le dimanche. Point de poupée ou autres jouets coûteux : les jeux s'organisaient à plusieurs, avec un minimum d'accessoires.
On jouait à pigeon-vole, à la main-chaude, ou l'on se racontait des histoires de fantômes. Le beau temps arrivé, les distractions de plein air l'emportaient sur les jeux d'intérieur.
Les filles jouaient à la marelle, aux osselets, sautaient à la corde, dansaient des rondes sur des airs encore populaires de nos jours : « Il pleut bergère », « Sur le pont d'Avignon », « Nous n'irons plus au bois, les lauriers sont coupés », etc.
Les garçons enchaînaient les parties de billes et les jeux de balle. L'heure n'était pas au cinéma ou aux activités solitaires : c'était sur la place du village, dans les rues, aux carrefours, que les enfants se rassemblaient pour se distraire.

L'école à ski
Qu'il pleuve, qu'il neige ou qu'il vente, on ira à l'école jusqu'à obtention de son certificat d'études.

Enfants en Isère
Très jeunes, les enfants participent aux travaux de la ferme. Aller faire pâturer les bêtes est une tâche qui leur incombe, parmi bien d'autres.

Jeunes adolescents
À la campagne, avant l'ère de la télévision, les cours de ferme se transforment volontiers en terrain de football…

Jeu de quilles dans le Cantal
L'été, le dimanche, tout le monde sort de chez soi. Tandis que les aînés bavardent, les enfants se rassemblent sur la place du village pour jouer à leurs jeux favoris.

Les veillées

L'hiver, il était d'usage que les villageois d'un même quartier accueillent à tour de rôle leurs voisins deux ou trois soirs par semaine pour faire la veillée. Installés dans l'étable, dans la bergerie ou dans la salle commune, les femmes, les hommes et les enfants formaient des groupes séparés. À la lumière d'une chandelle ou d'un foyer, les premières filaient, raccommodaient bas et chaussettes ou tricotaient une layette. Tout en vaquant à leur ouvrage, elles s'entretenaient des événements de la journée, des mariages ou des naissances à venir, rapportaient les nouvelles qu'elles avaient recueillies sur la place du marché. Les hommes réparaient leurs outils, des paniers, affûtaient des couteaux, et eux aussi discutaient, de leurs bêtes, de leurs affaires. L'ambiance était joyeuse, et la parole laissait fréquemment place au chant. Ces réunions, qui rompaient la monotonie du quotidien, permettaient également d'économiser les frais de chauffage et de lumière : chacun des participants apportait à son tour des fagots ou une chandelle. Du jour où l'on put s'éclairer à moindre coût, ces réunions cessèrent.

Veillée dans les Vosges
Devant les marmites fumantes posées sur le poêle, la famille vaque à ses occupations. Le père tresse un panier, la mère épluche les légumes, l'enfant prépare les tiges d'osier.

LES TROIS PRINCESSES

**Chant de veillée
de Franche-Comté**

Derrièr'chez mon père
(vole vole mon cœur vole)
Derrière chez mon père
Y a un pommier doux.
Et doux-oux, tout doux-oux.
Y a un pommier doux.
Trois belles princesses
(vole vole mon cœur vole),
Trois belles princesses
Sont couchées dessous.
Et doux-oux, tout doux-oux
Sont couchées dessous.
Ça, dit la première
(vole vole mon cœur vole),
Ça, dit la première
Je crois qu'il fait jour.
Et doux-oux, tout doux-oux
Je crois qu'il fait jour.
Ça, dit la seconde
(vole vole mon cœur vole),
Ça, dit la seconde
J'entends le tambour.
Et doux-oux, tout doux-oux
J'entends le tambour.
Ça, dit la troisième
(vole vole mon cœur vole),
Ça, dit la troisième
C'est mon ami doux
Et doux-oux, tout doux-oux
C'est mon ami doux.
Il va-t-à la guerre
(vole vole mon cœur vole)
Il va-t-à la guerre
Combattre pour nous.
Et doux-oux, tout doux-oux
Combattre pour nous.
S'il gagne bataille
(vole vole mon cœur vole)
S'il gagne bataille
Aura mes amours.
Et doux-oux, tout doux-oux
Aura mes amours.
Qu'il perde ou qu'il gagne
(vole vole mon cœur vole)
Qu'il perde ou qu'il gagne
Les aura toujours.
Et doux-oux, tout doux-oux
Les aura toujours.

Veillée des vieux

Emmitouflés dans leurs épais vêtements, la grand-mère et le grand-père s'occupent : elle fait du crochet pendant qu'il attise le feu.

Veillée en Bretagne

Un groupe de jeunes gens s'est réuni au coin du feu pour filer la laine.
On distingue sur la droite le lit-clos breton, qui fait office de banc en journée.

Les costumes

En semaine, pour le travail, l'habit était simple. Après tout, on ne lui demandait que de tenir chaud l'hiver, d'être léger l'été et surtout, de ne pas entraver les mouvements : le paysan portait une blouse et un pantalon de toile, et la paysanne, un corsage et une jupe ample cachant un ou deux jupons. Il existait bien certaines variantes dans les coupes, les teintes et les matières selon les régions, mais la richesse des styles locaux se révélait essentiellement dans les coiffes. En revanche, le dimanche, les jours de fête et de cérémonie, on revêtait ses plus beaux atours. Et alors, quelle métamorphose ! La sobriété laissait place à la fantaisie, les jupes s'ornaient de broderies, le chanvre et le lin devenaient soie ou velours, les couleurs s'égayaient, l'habit se rehaussait de châles et de tabliers. Et que de différences entre les provinces, voire entre les villages ! Les femmes alsaciennes revêtaient ici une jupe longue et rouge complétée d'un tablier de dentelle blanche ; là, elles portaient une jupe courte de satin bordée d'un large ruban à fleurs avec un tablier de couleur ; dans un canton voisin, une robe bleu marine très longue bordée de velours noir. La Bretagne, la Normandie et la Savoie rivalisaient avec l'Alsace de créativité. La tradition du costume s'est aujourd'hui perdue, mais quelques fêtes régionales font revivre ce temps où l'on arborait fièrement les couleurs de son pays.

Costume auvergnat
La biaude fait toute l'originalité du costume masculin auvergnat. Cette grande blouse bleu-noir froncée aux épaules et descendant jusqu'aux genoux protège le gilet et le pantalon de toile noir.

Dentellières travaillant au fuseau, à Vallone, dans le Puy-de-Dôme
Autrefois, chaque village avait ses dentellières. De leurs mains habiles, elles confectionnaient des bonnets et des corsages dont le style s'inspirait des traditions et des goûts locaux.

COSTUMES ALSACIENS, WISSEMBOURG, BAS-RHIN

Le costume féminin de cette région se compose d'une longue jupe sombre terminée par des rubans de velours noir, d'un corsage blanc et d'un grand nœud noir en guise de coiffe.

ARLÉSIENNES

L'éventail et l'ombrelle complètent l'élégante tenue de ces Arlésiennes.

BIGOUDÈNES

Les costumes bretons les plus célèbres et les plus variés sont ceux de Cornouaille. Celui du pays bigouden se reconnaît à sa célèbre coiffe en pain de sucre, à son corsage à broderies de couleur et à sa jupe courte et froncée.

Les coiffes

De la simple marmotte nouée sous le menton à la coiffe « cathédrale » champenoise, en passant par le « soleil » boulonnais et le capulet basque, les coiffes régionales françaises fascinent par leur prodigieuse variété.
Qu'elles fussent réservées au travail, à la fête ou aux cérémonies, il semble que chaque canton ait eu à cœur de ne pas imiter le style de ses voisins, et encore moins de suivre la mode urbaine : c'était sur place que les couturières de nos campagnes puisaient leur inspiration.
Le XIXe siècle, et en particulier les années 1850-1860, fut la grande époque des coiffes : on en vit apparaître de forme ronde, tombante, montante, trapézoïdale, brodées ou dentelées, de toutes les tailles et de toutes les couleurs.
En matière de diversité locale, la Bretagne tenait le haut du pavé : voici la « Polka » rennaise, le bonnet carré de Moncontour, le chaperon d'Auray, la carène nantaise, la coiffe en lin de Plougastel-Daoulas, ornée de longs rubans rouges ou blancs à ses extrémités… la liste est sans fin.
Et comment ne pas mentionner les coiffes normandes, presque aussi variées, souvent majestueuses, ou les superbes bonnets de soie alsaciens, brochés et pailletés ?
Vers 1930, ces coiffes étaient tombées dans l'oubli et avaient cédé la place aux chapeaux.
À leur tour, ceux-ci seraient peu à peu délaissés.

Paysanne normande
Moins extravagantes que les coiffes réservées aux cérémonies, celles que les paysannes normandes portent le dimanche sont cependant loin d'être discrètes…

Coiffes normandes pour un mariage

La Normandie offre une variété inouïe de coiffes. Ne disait-on pas qu'il y avait dans cette région autant de coiffes que de clochers ?

Coiffes alsaciennes

Le schlupfleapp, ou « ailes de papillon », ce bonnet à gros nœud, se portait essentiellement dans le Bas-Rhin.

Coiffe auvergnate

Les coiffes auvergnates sont en général très sobres, comme en témoigne ce bonnet blanc tuyauté.

LE DIMANCHE

Excepté en période de moissons et de vendanges, il n'était pas question de travailler le jour du Seigneur. Après l'office du matin et le déjeuner en famille, hommes, femmes et enfants endimanchés s'adonnaient à leurs occupations respectives. L'hiver, réunis au café, les hommes sortaient les dominos ou les cartes pour faire des parties de bésigue, de rami, de brelan… jeux et boissons s'enchaînaient ainsi jusqu'à la tombée du jour. L'été, ils se rassemblaient sur la place du village pour jouer aux quilles ou aux boules, un jeu très populaire qui connaissait maintes variantes selon les régions : la Lyonnaise se pratiquait à Lyon, la boule des berges, à Paris, la boule de fort, dans la Loire, le jeu provençal, la longue, dans le Midi et la boule en bois, dans l'Ouest. Née en 1910 à La Ciotat, la pétanque fit rapidement l'unanimité dans tous les villages de France. De leur côté, les femmes assistaient à ces jeux ou se regroupaient entre elles pour faire quelque partie de quilles, à moins que les travaux ménagers ne les retiennent à leur domicile. De temps à autre, le passage d'une troupe de comédiens, d'un cirque ou d'un montreur d'ours ambulants interrompait ces distractions habituelles.

TERRASSE DE CAFÉ, EN ALSACE
Lieu de contact, d'échanges et de détente, l'auberge rassemblait les villageois endimanchés en fin de semaine. Qui n'aurait pas observé le repos dominical ?

CIRQUE AMBULANT
Le passage du cirque ambulant rompait avec les divertissements habituels des villageois. Devant la cage aux singes, les enfants découvrent des animaux qui leur sont inconnus.

Détente au bord de l'eau

Pour peu que l'on habite près d'une rivière, la pêche à la ligne l'emportera sur les parties de cartes au café.

Les fêtes

Calendaires, agraires, patronales, etc. : quantité de fêtes ponctuaient autrefois la vie rurale. Certaines ont passé l'épreuve du temps ; d'autres, plus nombreuses, ont été dénaturées ou ont tout simplement disparu.
Parmi les célébrations peu ou prou tombées dans l'oubli, le Carnaval comptait parmi les plus joyeuses et les plus exubérantes. Bals masqués, défilés, travestissements en tout genre rythmaient ces festivités auxquelles tout le monde participait. Elles se scellaient le Mardi Gras par l'immolation du grand mannequin de paille : souvenir des cérémonies antiques destinées à chasser l'hiver, le sacrifice de Carnaval marquait le retour du printemps et le réveil de la nature. Les fêtes religieuses, Noël, les Rois, Pâques, la Saint-Jean, étaient aussi partout suivies.
Autre temps, autres mœurs : la nuit du 1er Mai, les garçons allaient suspendre un bouquet, le « mai », à la porte des jeunes filles du village. Il changeait de nature suivant la réputation de sa destinataire : le lilas symbolisait la bonne conduite, le chou éveillait le doute, le peuplier rappelait la maternité avant le mariage… Le brin de muguet que l'on offre aujourd'hui est-il le prolongement de cette coutume d'antan ?

Fête foraine
Les forains s'installent dans les villages lors de la fête patronale qui dure en général deux jours.
Parmi les lots à gagner, les fers à cheval porte-bonheur sont les plus convoités.

LE CALENDRIER DES FÊTES

25 décembre : Noël.
Premier dimanche de **janvier** : Épiphanie - les Rois, début du Carnaval.
2 février : la Chandeleur.
Du dimanche au Mardi Gras : Carême prenant ou les trois jours gras. Fin du Carnaval, début du carême.
Dernier dimanche du carême : les Rameaux. Le jour des Rameaux, on confectionnait des couronnes de buis que le prêtre bénissait à la messe. On les portait sur la tombe de ses proches, et l'on fixait quelques branches bénites sur la porte de son domicile.
Fêtes de Pâques : le jeudi saint, les cloches restaient muettes, et les enfants parcouraient les rues du village à grand bruit pour annoncer les offices.
1er Mai : jadis « mai des filles », aujourd'hui fête du travail et jour du muguet.
23 juin : la veille de la Saint-Jean, les enfants allaient de maison en maison recueillir des fagots et des bûches en prévision du feu que l'on brûlerait le soir sur la place du village. À la cérémonie religieuse, où le curé bénissait le bûcher, succédait la fête populaire.
14 Juillet : Fête nationale.
1er novembre : Toussaint.

Manège de fête foraine
Voici un manège bien atypique où les aéroplanes ont remplacé les traditionnels chevaux de bois.

Pardon, dans le Finistère
La tradition des Pardons bretons, fête consacrée aux saints locaux, est encore vivace de nos jours. Après la procession religieuse, le pardon se transforme en fête profane, cédant la place aux danses et chansons folkloriques.

Le bal au village

De tous les divertissements qu'offrait la campagne, le bal du dimanche soir, qui se tenait dans une salle attenante au café du village ou simplement en plein air, était le plus apprécié des jeunes gens. C'était lors de ces soirées que se tissaient les liens, que naissaient les idylles, que s'échangeaient les promesses. De fait, afin de parer à tout « dérapage » éventuel, les mères tenaient généralement à y escorter leur fille… Dans ces petits bals locaux, point d'orchestre professionnel : l'accordéoniste ou le violoniste, accompagné parfois d'un joueur de piston, était un artisan des environs qui jouait de mémoire les vieux airs appris dans son enfance. La polka, la mazurka, la valse, le schottische, le quadrille et ses cinq figures, pantalon, été, poule, pastourelle et final, avaient été propagés par Paris et comptaient parmi les danses les plus répandues dans les campagnes au début du XXe siècle. Les noces et la fête du village étaient l'occasion de faire revivre les danses régionales : en Bretagne, on pratiquait la gavotte au son du biniou ; la bourrée, à deux temps, se dansait en Auvergne ; le fandango, au Pays Basque ; la farandole avec sa longue chaîne de danseurs, en Provence.

Cabrettaire ou joueur de musette, en Auvergne

C'est au son de la musette, proche du biniou breton et de la cornemuse écossaise, que l'on dansait dans les bals populaires en Auvergne. On doit l'essor des fameux bals musette parisiens à la communauté auvergnate installée dans la capitale.

Bal en Bretagne

Lors du bal de la fête patronale, les danses folkloriques étaient à l'honneur. En Bretagne, elles s'exécutaient en couple, en chaîne ou en ronde, comme ici.

Bal du 14 Juillet dans la Drôme
Les fêtes locales et nationales sont chaque année l'occasion de voir la place du village se transformer en piste de danse.

Le mariage

Il était rare que les garçons et les filles s'établissent loin de leur village natal. Les jeunes gens se connaissaient souvent depuis l'enfance et se fréquentaient régulièrement au bal. Quand une relation était avérée et l'union, des deux côtés, souhaitée, les parents des futurs époux procédaient à un examen attentif de la situation, qui visait essentiellement des questions matérielles. Car les fiancés apportaient chacun un lopin de terre : il fallait comparer leur valeur. Lorsque les parts n'étaient pas équivalentes, on discutait, on demandait des compensations. L'épouse apportait en outre des meubles et un trousseau, qui devaient être eux-mêmes estimés et approuvés par sa belle-famille. Le contenu du trousseau variait très peu et comprenait généralement une literie et un tour de lit ; une profusion de toiles pour faire des draps, des nappes, des sacs, des besaces, des tabliers ; un costume complet et divers vêtements ; une armoire ; souvent, une vache. Lorsque les questions matérielles étaient enfin réglées, la demande en mariage officiellement demandée aux parents de la jeune fille et les « bonnes nouvelles » tout officiellement rapportées à ceux du jeune homme, on fixait la date du mariage. Le jour des noces, on se rendait à la mairie puis à l'église le matin. Suivaient un copieux déjeuner, un dîner plus abondant encore, et des danses qui ne cesseraient qu'au petit jour.

Repas de noces en Cornouaille

Dans les petites communes rurales, il n'était pas rare que tout le village soit associé à la noce, d'où ces tablées impressionnantes. Le festin se déroulait dans un champ ou, par mauvais temps, dans une grange.

Mariage en Auvergne

Les noces sont toujours l'occasion de revêtir le costume régional : les femmes auvergnates portent une robe bien ajustée, un bonnet rond de toile blanche et les hommes ont passé leur biaude.

Mariage dans le Berry
Image intemporelle s'il en est : le marié passe l'anneau au doigt de son élue. L'habit traditionnel n'a pas encore cédé la place à la robe blanche.

Mariage dans les Landes
Aucun détail n'a été omis pour l'événement : une charrette couverte d'une toile fleurie, des joueurs de fifre et de cornemuse landaise. Même les bœufs sont costumés !

Cortège dans un village du Nivernais
Au sortir de la messe, la famille et les invités suivent les nouveaux époux jusqu'à la salle du festin.

Les patois

Dans un rapport daté de 1794 au titre évocateur, *Sur la nécessité et les moyens d'anéantir les patois et d'universaliser l'usage de la langue française,* l'abbé Grégoire, député de la Convention, notait qu'on ne parlait à l'époque le français que dans quinze départements sur quatre-vingt-trois. La France apparaissait alors comme une immense tour de Babel, où se parlaient pas moins de trente patois. Allaient-ils rapidement disparaître ? Certainement pas dans les campagnes… Plus de cent ans plus tard, en 1926, le grammairien Ferdinand Brunot écrivait dans *Histoire de la langue française :* « Au XVIIIe siècle, comme de nos jours, le patois était chez lui partout où l'on causait au village […]. À l'heure actuelle, le français est la langue des villes, le patois, la langue des campagnes. » Ce n'est que progressivement, avec le développement des moyens de communication et l'usage de la radio, que le français finit par s'imposer partout. Certains de ces parlers, qui se sont perpétrés par tradition orale, sont restés des patois. D'autres, notamment le basque, le catalan, le breton et le provençal ont donné naissance à des œuvres écrites et se sont élevés au rang de langues littéraires. Si on ne les parle plus guère aujourd'hui, ils font l'objet d'un enseignement à l'école et en faculté.

Fréderic Mistral
En 1909, l'écrivain, devenu un vieil homme, pose devant un olivier qu'il avait planté dans sa jeunesse.

POÈTE ET DÉFENSEUR DE LA LANGUE D'OC

Fils d'une famille de paysans aisés, Frédéric Mistral naît à Maillane (Bouches-du-Rhône) en 1830 où il vit une enfance imprégnée de la vie rurale, de ses traditions, de ses valeurs et de la splendeur d'un environnement sublime. Révélé à l'âge de 29 ans par Lamartine qui voyait en lui « un grand poète épique », « un vrai poète homérique », Mistral n'aura de cesse dans ses œuvres de chanter son pays natal dans la langue provençale. En 1906, dans *Moun espledido, memori e raconte* (« Mes origines, mémoires et récits »), il explique que sa vocation de poète est née du désarroi de savoir son peuple honteux de parler sa langue maternelle reléguée au rang de patois. Parmi ses œuvres les plus célèbres : *Mirei* (« Mireille »), paru en 1859, qui célèbre les vertus et la beauté du monde paysan ; *Calendal,* écrit en 1867, épopée de la Provence rhodanienne ; *Nerto,* 1884, nouvelle dépeignant la Provence du temps des papes d'Avignon ; et quelques monuments lyriques : *Lis Isclo d'or* (« Les Îles d'or »), 1875, *Lis Oulivado* (« Les Olivades »), 1912, *Lou Pouemo dou Rose* (« Poème du Rhône »), 1897.
Décédé en 1914, Mistral laissa derrière lui de nombreux adeptes qui continuent, aujourd'hui encore, à promouvoir la langue provençale et à protéger la culture des pays de langue d'oc à travers les félibriges.

Carte des dialectes de France

On dénombre trente-trois dialectes en France. À ces dialectes, il faut encore ajouter les patois locaux qui en sont dérivés, que l'on parle encore aujourd'hui dans certaines provinces.

En vert : les langues d'oïl
En rose : les langues d'oc
En bleu : les langues franco-provençales et les autres langues

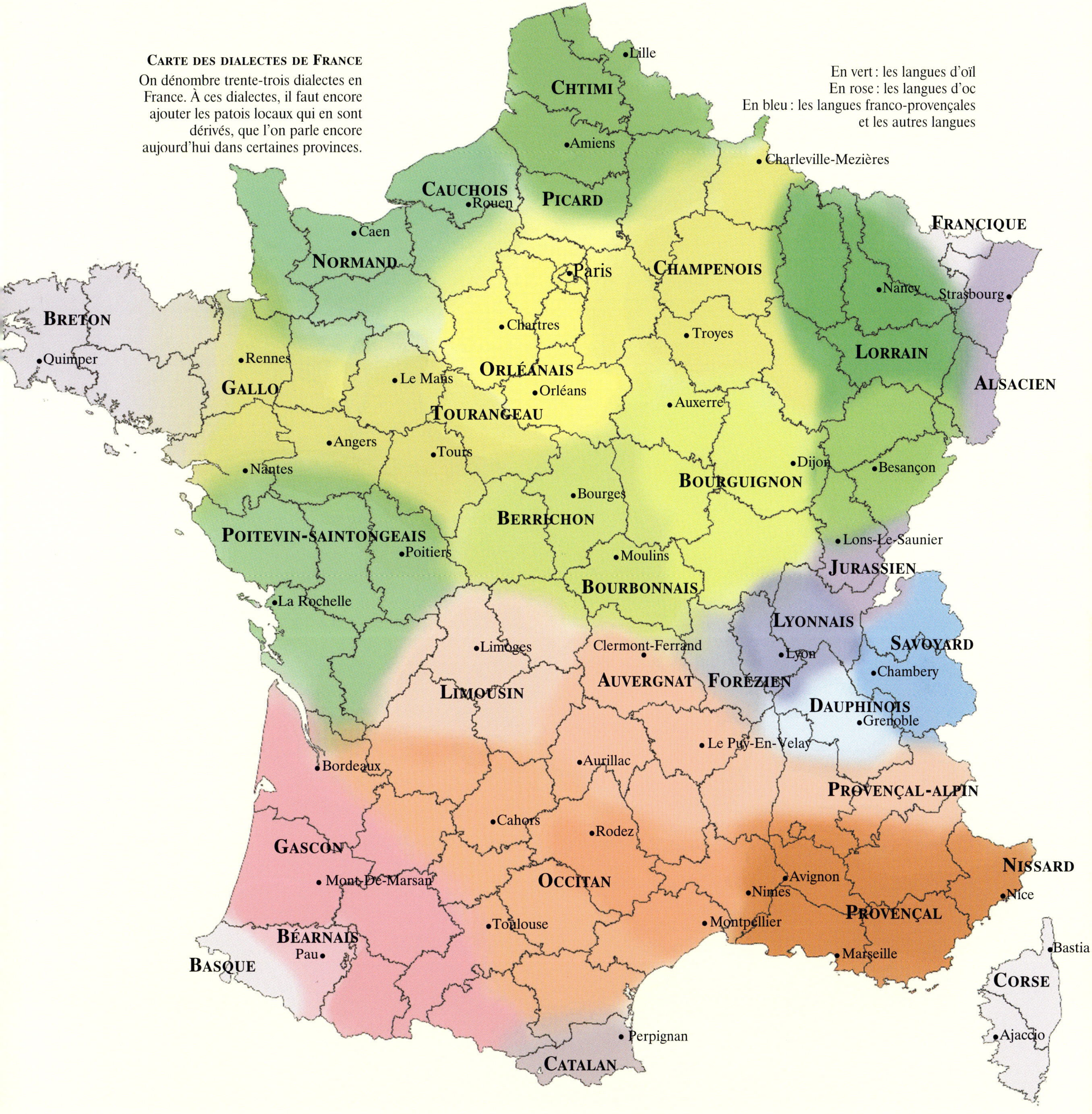

Légendes et superstitions

Les superstitions jouaient autrefois un rôle considérable à la campagne, et nombre d'entre elles concernaient les biens agricoles des fermiers, leurs cultures et leurs bêtes. Un cheval était-il malade à l'écurie ? On lui avait jeté un sort, et seul un « désensorceleur » le remettrait d'aplomb. Si les jeunes pousses des vignes ou des fruitiers avaient subi quelque dommage, on ne manquait pas d'accuser la lune rousse. Mais on était aussi sensible au fantastique et au surnaturel. Les histoires les plus fantastiques circulaient sur les bons et les mauvais génies, les farfadets, les dames blanches, les fées qui erraient dans les champs ou se rencontraient au détour des chemins. Transmis par la tradition, ces récits étaient contés par les vieilles gens lors des veillées d'hiver. De toutes les régions, la Bretagne fut la plus féconde en récits merveilleux. On y racontait notamment que par les nuits sans lune et sans étoiles, on risquait de rencontrer les lavandières de la nuit. Malheur à celui qui s'approchait d'elles, car les laveuses l'invitaient à tordre le linge avec elles, et l'étranglaient ensuite… D'autres récits mettaient en scène des génies dansant autour des monuments druidiques, des fées vivant dans les puits, des fantômes parcourant la campagne en poussant des cris lugubres. Vraies ou fausses croyances, ces contes ont largement contribué à enrichir notre patrimoine folklorique.

La roche aux fées, Ille-et-Vilaine

D'après une légende locale, celui qui fait plusieurs fois le tour de ce dolmen, pour en compter les pierres, n'en trouvera jamais le même nombre. Les futurs époux se soumettaient jadis à cet exercice : s'ils trouvaient le même nombre de pierres à une près, leur union serait durable.

L'Ankou, figure légendaire de Bretagne

Incarnation et artisan de la mort, l'Ankou était l'un des personnages les plus redoutés des Bretons. Il est représenté comme un homme longiligne, au visage émacié caché sous un grand chapeau, ou comme un squelette drapé d'un linceul. Il tient à la main une faux qu'il affûte avec un os humain et circule la nuit, debout sur un char bruyant. Entendre grincer les roues du char ou le croiser en chemin annonce la mort d'un proche. On racontait que dans chaque paroisse, le dernier mort de l'année devenait l'Ankou pour l'année suivante.

Légende de la ville d'Ys, vue par Ciappori

Le récit de la submersion de la cité nous est parvenu par des contes, des chants, des œuvres d'art, etc. Cette légende bretonne raconte que Dahut la fille débauchée du bon roi Gradlon, aurait dérobé les clés de la ville à son père, cédant à la volonté du diable déguisé en prince. Ce dernier ouvrit les portes d'Ys et la cité fut engloutie.

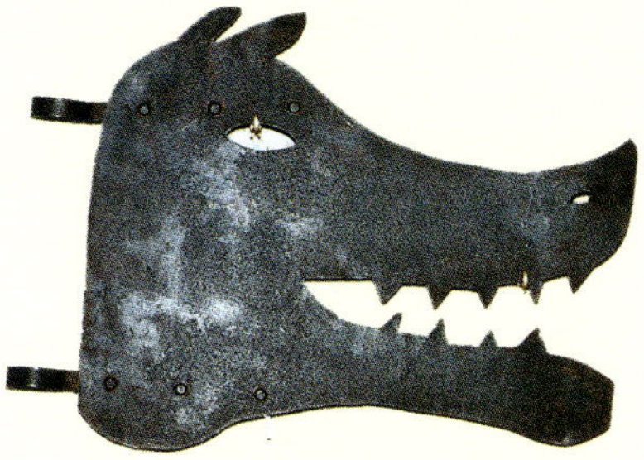

QUELQUES PRÉJUGÉS AGRICOLES AU LANGUEDOC

Lorsqu'on plante les choux en mai, il leur naît des bosses.
Il ne faut pas semer le chanvre pendant la semaine des Rogations.
On doit se cacher des femmes quand on sème les melons, sans quoi ils ne sont pas mangeables.
Si on laisse tomber du lait à terre et que l'on marche dedans, la vache n'en donnera plus. De même si l'on reverse son lait dans le feu.
Avant de sortir le lait de la maison, on y met un peu de poivre et de sel pour se prémunir contre le mauvais sort.

Girouettes

Les croyances populaires peuvent se révéler dans les ornementations des maisons. Ces girouettes figurant une tête de loup (ci-dessus) et un dragon (ci-dessous) étaient destinées à chasser le mauvais sort.

Les vacances à la ferme

Quoi de plus ressourçant qu'un séjour à la campagne ? La bonne odeur de l'herbe coupée, le doux parfum des fleurs, l'accueil chaleureux, le calme, surtout, qui y règne font de la campagne une destination privilégiée des vacanciers. Depuis une trentaine d'années, des agriculteurs ouvrent leur porte aux citadins curieux de découvrir la vie rurale et le monde de la ferme. Certains propriétaires font visiter leur domaine, organisent des goûters où sont offerts des produits directement issus de l'exploitation et vendent leur production ; les fermes-auberges proposent des repas traditionnels et les fermes de séjour, l'hébergement ; les fermes équestres organisent des randonnées, initient à l'équitation et à l'attelage des chevaux. Les enfants ne sont pas en reste : dans les fermes « pédagogiques », ils découvrent le jardinage et assistent à la fabrication des produits fermiers ; ils sont en contact permanent avec les animaux, les nourrissent, apprennent à les soigner, assistent à la naissance de l'agneau ou du veau. En bref, à chaque ferme sa formule…

Quelques guides

- Le guide national *Bienvenue à la ferme,* publié par l'Assemblée Permanente des chambres d'agriculture, recense près de 4 000 fermes offrant des prestations agri-touristiques. Il existe également des guides régionaux et départementaux *Bienvenue à la ferme.*
- *Vacances et week-ends à la ferme,* de Michel Smith, Balland
- *L'Accueil paysan en France,* publié par la Fédération nationale Accueil paysan, recense près de 400 points d'accueil dans 71 départements.

Enfants et animaux
Dans les fermes pédagogiques, les enfants sont en contact permanent avec les animaux.

Visite du potager
Avant de passer au jardinage, on apprend comment poussent les légumes…

Repas à la ferme
Une bonne raison de passer ses vacances à la campagne : les délicieux produits « maison » que l'on peut déguster dans les fermes.

Promenade en tracteur
Oubliée, la voiture ! C'est avec ce moyen de locomotion typiquement de la campagne que les enfants découvrent les environs.

Remerciements

L'éditeur tient à remercier Madame Marie-Hélène Tanguy, Mademoiselle Emmanuelle Boucheny, la chambre d'agriculture des Pays-de-la-Loire, les musées de Charlieu (Loire) et M. Marcel Suhard.

Crédits photographiques

Toutes les photographies sont extraites du fonds de l'agence Roger-Viollet, sauf :
(g : gauche ; b : droite ; h : haut ; c : centre ; b : bas)

Archives & collections : pp. 50 (toutes), 52 (h et c), 53 (hg, hc et cd), 104 (h)
Michel Azous : pp. 48 (bd, c et cd), 49 (hg, hc et hd), 52 (b), 53 (bg et bd), 122 (h), 134 (h)
Jean-Paul Dalary/collection Marcel Suhard : pp. 30 (b), 31 (hd et bg), 165 (hd et bd)
Groupement professionnel « Bienvenue à la ferme » en Pays de la Loire : pp. 166 (toutes), 167 (h)
DR : pp. 12 (toutes), 13 (toutes), 18 (toutes), 19 (b), 32 (b), 42-43 (h), 44 (hd et bd), 45 (toutes), 46 (bg), 55 (d), 60 (b), 61 (bd), 62-63, 64, 66, 79 (hd, hg et cg), 80 (hg et hd), 98 (b), 101 (b), 102 (h), 104 (bg, g et c), 106 (b), 120 (g), 121 (d), 124, 127 (b), 132 (bg), 142 (toutes), 149 (h), 160 (b), 161 (toutes)
Horizon Features/Michel Viard : pp. 108 (toutes), 109 (bc et bd), 110 (toutes), 111 (bg et bd), 112
Pierre Lahalle : pp. 125 (maroilles, mottin charentais, picodon, brousse du var)
Yves Lanceau : pp. 3, 5, 67 (b), 80 (h), 68-69 (toutes), 70-71 (toutes), 72-73 (toutes), 74-75 (toutes), 76-77 (toutes), 78 (toutes), 79 (cd, bg et bd)
Photothèque Hachette : 52 (g)
Matthieu Prier : p. 125 (toutes sauf maroilles, mottin charentais, picodon, brousse du var)
Marie-Hélène Tanguy : p. 167 (b)
Michel Viard : p. 113 (b)